MÜNCHENER BEITRÄGE ZUR
WIRTSCHAFTSWISSENSCHAFTLICHEN FORSCHUNG. H. 2
Herausgeber:
Dr. Felix Werner, ord. Professor an der Technischen Hochschule München

DURCHFÜHRUNGSMÖGLICHKEITEN DER KURZFRISTIGEN ERFOLGSRECHNUNG

VON

DR. EUGEN GEYRHALTER
STUDIENASSESSOR

MÜNCHEN UND BERLIN 1929
VERLAG VON R. OLDENBOURG

Druck von R. Oldenbourg, München.

Vorwort.

Im Privatwirtschaftlichen Seminar des Herrn Professor Dr. Werner kam in einigen Referaten die Sprache auf die kurzfristige Erfolgsrechnung. Ich begann mich in dieses Thema zu vertiefen und fand in den vielen Werken, die in den letzten Jahren über dieses Thema erschienen sind, reichliches Material dazu. Auf Grund einer mehrjährigen Praxis in Bank, Handel und Industrie suchte ich vor allem die praktischen Durchführungsmöglichkeiten der kurzfristigen Erfolgsrechnung zu erforschen. Das Ergebnis meiner mehr als zweijährigen Studien habe ich in der vorliegenden Arbeit niedergelegt.

Haßfurt, den 1. Juni 1929.

Eugen Geyrhalter.

Inhaltsverzeichnis.

1. Einleitung.

Die volkswirtschaftliche Aufgabe der Unternehmung besteht darin, Leistungen hervorzubringen. Aber mit dieser Leistungserstellung allein kann keineswegs der Endzweck der Unternehmung erfüllt sein. Zur Produktion, die lediglich die Überwindung der technischen Schwierigkeiten bedeutet, muß noch der Absatz treten. Die Ware muß auf den Markt kommen; so findet der Unternehmer den Anschluß an die anderen Unternehmungen; dann erst beginnen die Fäden zwischen den einzelnen Unternehmungen hin- und herzulaufen.

Dieser volkswirtschaftlichen Aufgabe, der Produktivität, steht als privatwirtschaftliches Ziel die Rentabilität gegenüber. Da wir nun die Unternehmung vom Standpunkt des Privatwirtschaftlers betrachten wollen, so ist es verständlich, daß wir der Erfolgsrechnung, die ja zur Errechnung der Rentabilität hinführt, unser Augenmerk zuwenden.

Lange Zeit wurde nur an der Verbesserung des Betriebes als der technischen Grundlage des Unternehmens gearbeitet. Rationalisierung und Typisierung, Taylorismus und Fordismus sind Schlagworte, die diese Bestrebungen deutlich machen. Angesichts dieser gewaltigen Entwicklung in der Technik des Produktionsprozesses konnte es nicht ausbleiben, daß auch die „rechnerische Überwachung" dieses Prozesses Fortschritte machen mußte. So wurde auch immer mehr das Rechnungswesen ausgebaut, das der Beobachtung und Aufzeichnung der Betriebsvorgänge zu dienen hat. Gerade in jüngster Zeit hat auch der Ausschuß für wirtschaftliche Verwaltung (A.W.V.) dazu Stellung genommen in der Schrift: Zur Klärung der Terminologie auf dem Gebiete des Rechnungswesens. Kalkulation und Erfolgsrechnung sind die Stützen, auf denen das ganze Rechnungswesen ruht, und deshalb sind sie von jeher im Vordergrunde des privatwirtschaftlichen Interesses gestanden.

Die Kalkulation ist eine Vorrechnung, die vor dem Produktionsbeginn die für die Fertigung eines Produktes voraussichtlich notwendigen Aufwendungen zu ermitteln sucht und daraus den Preis errechnet. Zumeist befaßt sie sich mit der Leistungseinheit, weshalb sie Stückkostenrechnung genannt wird.

Die Erfolgsrechnung vergleicht den Ertrag, der als Gegenwert einer Leistung in die Unternehmung eingeht, mit den dafür wirklich gemachten Aufwendungen. Bezieht sich die Erfolgsrechnung auf die Leistungseinheit, was nur selten oder nur bei großen Objekten vorkommt, dann spricht man von Stückerfolgsrechnung. Viel wichtiger aber für den Unternehmer ist die Abschnittserfolgsrechnung, die den Aufwendungen eines bestimmten Zeitabschnittes den Ertrag der gleichen Periode gegenüberstellt. Im allgemeinen wird diese Abschnittserfolgsrechnung kurzweg als „die" Erfolgsrechnung bezeichnet.

Seitdem sich der Ablauf des Wirtschaftsprozesses beschleunigte und vor allem seit den Inflationsjahren mit ihren Scheingewinnen, hat es sich gezeigt, daß eine jährliche Erfolgsrechnung nicht mehr den gestellten Anforderungen entsprechen kann. So ist ein neues Problem aufgetaucht, das in den letzten Jahren manchen Theoretiker, aber auch viele Praktiker beschäftigt hat, das Problem der kurzfristigen Erfolgsrechnung. Während man früher nur die Jahreserfolgsrechnung einer betriebswissenschaftlichen Untersuchung unterzogen hat, tritt heute immer mehr die kurzfristige Erfolgsrechnung in den Vordergrund des Interesses. Die Jahreserfolgsrechnung befaßt sich damit, den Erfolg zu ermitteln, der im abgelaufenen Geschäftsjahr erzielt worden ist. Bei der kurzfristigen Erfolgsrechnung interessiert der zahlenmäßige Erfolg erst in zweiter Linie. Vordringlicher ist hier die Frage, welche Aufwendungen sind in dem abgelaufenen Geschäftsabschnitt gemacht worden und welche Erträgnisse sind aus den hervorgebrachten Leistungen erzielt worden. Aus diesen beiden Komponenten des Erfolges ist dann leicht der Gewinn oder Verlust dieses Zeitraumes festzustellen.

Gleich von vornherein möchten wir vor einer Überschätzung der kurzfristigen Erfolgsrechnung warnen. Man mag ihr einen auch noch so hohen Wert beimessen, dessen muß man sich stets bewußt sein, daß sich der Jahresabschluß mit Gewinn- und Verlustrechnung nicht durch die zwischenzeitlichen Erfolgsrechnungen ersetzen läßt. Gibt doch „die Jahreserfolgsrechnung die großen Richtlinien der Lebensführung eines Betriebes an", wie Geldmacher sagt[1]). Beide Rechnungen müssen nebeneinander bestehen, wenn sie dem Unternehmer einen Dienst erweisen sollen.

In dieser Arbeit wollen wir uns mit dem Problem der kurzfristigen Erfolgsrechnung auseinanderzusetzen versuchen. Gerade in letzter Zeit haben sich viele Theoretiker und Praktiker mit Einzelheiten dieser Frage befaßt; wir möchten hier untersuchen, wie sich die kurzfristige Erfolgsrechnung praktisch durchführen läßt.

2. Wesen und Arten der kurzfristigen Erfolgsrechnung.

Kurzfristige Erfolgsrechnung. Es handelt sich um eine Rechnungslegung, die über den Erfolg Auskunft zu geben hat. Nach den Vorschriften des Handelsgesetzbuches hat der Kaufmann den Erfolg, den

[1]) Geldmacher, Betriebswirtschaftslehre S. 6.

er in seinem Unternehmen erzielt hat, alljährlich am Schluß des Geschäftsjahres mit Hilfe der Jahresschlußbilanz und der Gewinn- und Verlustrechnung festzustellen. Seither haben sich fast alle Unternehmungen an diese Vorschriften gehalten, und auch heute noch ist es in einer großen Zahl von Unternehmungen üblich, nur diese gesetzlichen Jahreserfolgsrechnungen am Schluß eines jeden Geschäftsjahres aufzumachen. Daneben aber stellen heute viele Unternehmungen Erfolgsrechnungen für einen kürzeren Zeitraum als ein Jahr auf, eben die kurzfristigen Erfolgsrechnungen.

Je nach dem Gesichtspunkt, von dem aus wir die kurzfristige Erfolgsrechnung betrachten, haben wir die verschiedensten Arten zu unterscheiden.

Stellen wir das zeitliche Moment in den Vordergrund, dann finden wir neben der Jahreserfolgsrechnung die Halbjahres-, Vierteljahres-, Zweimonats- und Monatserfolgsrechnungen. Redet man heute von kurzfristiger Erfolgsrechnung, so denkt man zumeist an die monatlichen Rechnungen. Schmalenbach hat seine ersten Ausführungen über dieses Gebiet „Monatliche Gewinnrechnung" genannt, und daher mag es kommen, daß jetzt oft Monatsbilanz gleichbedeutend mit kurzfristiger Erfolgsrechnung gesetzt wird. Ferner ist ja auch der Monat der gegebene Zeitabschnitt für solche zwischenzeitlichen Abrechnungen. (Von den Zweimonatsbilanzen bzw. Monatsbilanzen der deutschen Kreditbanken werden wir in anderem Zusammenhang sprechen.)

Betrachten wir die Erfolgsrechnungen hinsichtlich der Häufigkeit und Regelmäßigkeit der Aufstellung, so gibt es regelmäßige, ordentliche oder periodische einerseits und außerordentliche oder aperiodische anderseits. Zur ersten Art gehören alle Rechnungen, die in gleichen Zeitabständen, welche kürzer als ein Jahr sind, aufgemacht werden, sofern sie nicht nur in der Form der Roh- oder Probebilanz aufgestellt sind. Denn die Rohbilanz entspricht nicht den obigen Forderungen; sie ist lediglich eine Gegenüberstellung der Gesamtsummen der Soll- und Habenseiten der Hauptbuchkonten, ohne aber mit einer Gewinn- und Verlustrechnung verbunden zu sein, und dient als Hilfsmittel zur Abstimmung der Bücher. Am häufigsten kommen die regelmäßigen Monatsabrechnungen vor. Seltener trifft man außerordentliche Erfolgsrechnungen. Solche Rechnungen sollten aufgemacht werden bei Veränderungen im Bestand der haftenden Personen bei den Personalgesellschaften oder auch bei Entdeckung von Unregelmäßigkeiten von seiten eines Angestellten, um die Höhe des Verlustes ziffernmäßig erfassen zu können. Aperiodische Erfolgsrechnungen liegen auch vor, wenn die Berechnung des Erfolges für ein bestimmtes Geschäft, wie z. B. bei Konsortialgeschäften, oder aber für einzelne Personen, wie Reisende oder Agenten, zum Zweck der Provisionsberechnung vorgenommen wird.

Hinsichtlich der Verbreitung müssen wir unterscheiden interne, allein für den Unternehmer bestimmte Erfolgsrechnungen und solche, die durch Veröffentlichung den am Geschäft interessierten Kreisen oder gar durch die Zeitungen der Allgemeinheit unterbreitet werden sollen. Von dieser Zweckbestimmung wird der Inhalt begreiflicherweise wesentlich beeinflußt. Der Unternehmer, der eine innerbetriebliche Erfolgsrechnung aufstellt, wird danach trachten, ein möglichst richtiges und genaues Bild von der wirtschaftlichen Entfaltung seines Unternehmens zu erhalten, was sich besonders durch Vergleich mehrerer nach den gleichen Grundsätzen aufgemachter Rechnungen erreichen läßt. Wir sehen, wie wichtig die Kontinuität bei der kurzfristigen Erolgsrechnung ist; denn sie nur ermöglicht diese Vergleichbarkeit. Der Leitung einer Unternehmung wird viel daran gelegen sein, daß diese internen Rechnungen nur ihr allein vorbehalten bleiben und kein Außenstehender oder gar eine Konkurrenzfirma einen Einblick darein bekommt. Leicht könnten Kursschwankungen der Aktien, drohende Haltung der Banken und sonstigen Kreditgeber die üblen Folgen der Veröffentlichung einer solchen kurzfristigen Erfolgsrechnung sein. Aus diesen Gründen veröffentlicht kein Unternehmer freiwillig eine Monats- oder andere Zwischenbilanz, es müßte denn sein, daß ein besonderer Grund — geplante Kapitalerhöhung oder Kapitalverminderung — eine Veröffentlichung vorteilhaft erscheinen ließe. Dann aber wird die Zwischenbilanz in ihrem Charakter mehr der Jahresschlußbilanz ähneln, die eben dadurch, daß sie für die Öffentlichkeit bestimmt ist, an einer Haupteigenschaft, der Bilanzwahrheit, Einbuße erleidet. Wie viele Bilanzen der Aktiengesellschaften, die man in den Zeitungen zu Gesicht bekommt, sind unwahr und frisiert! Es ist geradezu ein Merkmal der „öffentlichen" Bilanz, daß sie fast immer „geschönt" ist; falsch braucht sie deswegen noch nicht zu sein. Nur von einer innerbetrieblichen Erfolgsrechnung können wir volle Wahrheit verlangen; denn in diesem Falle liegt kein Grund vor, solche Veränderungen vorzunehmen, zumal sich doch der Unternehmer nicht über die Lage seines Betriebes selbst täuschen will.

Wir sehen, daß in der Theorie und Praxis derartige Rechnungen mit den verschiedensten Namen belegt werden, von denen kurzfristige Erfolgsrechnung, zwischenzeitliche Erfolgsrechnung, Zwischenbilanz, Monatsbilanz die gebräuchlichsten sind. Für die Jahreserfolgsrechnung ist es eine Notwendigkeit, daß sie mit der Jahresschlußbilanz verbunden ist, bei der kurzfristigen Erfolgsrechnung aber ist erst zu untersuchen, ob diese Verbindung unbedingt nötig ist. Aus dieser Streitfrage erklärt sich die verschiedene Stellungnahme der einzelnen Betriebswirtschaftler. Es ist zu prüfen, ob die angeführten Worte gleichbedeutend sind oder ob ein Unterschied zu machen ist.

Bei Zwischenbilanzen und Monatsbilanzen handelt es sich um Bilanzen, die als Grundlage für die Erfolgsberechnung verwendet werden, der kurzfristigen Erfolgsrechnung fällt die Aufgabe zu, den Erfolg als Differenz von Aufwand und Ertrag zu ermitteln. Reihen wir die verschiedenen Auslegungen der Begriffe: kurzfristige Erfolgsrechnung, Monat- und Zwischenbilanz aneinander, so werden wir sehen, wieweit die Ansichten voneinander abweichen. Nach Malteur muß die Zwischenbilanz allen Anforderungen entsprechen, die an eine Jahresschlußbilanz gestellt werden. Daher befaßt er sich sogar noch mit der Frage, ob bei einer Zwischenbilanz die Abschlußarbeiten, besonders der formelle Abschluß der Konten, unterlassen werden dürfen. Geffers und Nertinger sprechen auch von Zwischenbilanzen; sie widmen einen großen Teil ihrer Arbeiten der Lösung der Frage, wie sich ein formeller Abschluß vermeiden lasse. Schmalenbach behandelt die monatliche Gewinnberechnung und will darunter die Einheit von Bilanz und Gewinn- und Verlustrechnung verstanden wissen. Auch Leitner denkt noch an eine Verquickung mit der Bilanz. Walb[1]) hält die monatlichen Perioden für besonders geeignet und stellt die Forderung auf: „Wird die kurzfristige Erfolgsrechnung zur Ermittlung des Verdienstes aufgemacht, so vollzieht sie sich nach den Grundsätzen der Jahreserfolgsrechnung." Die bisher genannten Autoren erblicken in der kurzfristigen Erfolgsrechnung eine Bilanz mit Gewinn- und Verlustrechnung. Eine vermittelnde Stellung nimmt Kalveram ein, der darunter entweder eine Bilanz, die auf der Rohbilanz basiert und ohne Abschluß der Hauptbuchkonten zustande kommt, oder auch lediglich eine Gegenüberstellung von Aufwendungen und Erträgnissen verstehen will. Fischer denkt bei der kurzfristigen Erfolgsrechnung an eine reine Aufwands- und Ertragsrechnung unter Ausschaltung der Bilanz. Müller-Bernhardt spricht von der getrennten doppelten Erfolgsrechnung und hält für die kurzfristige Erfolgsrechnung die zweite Art für geeignet, nämlich die Gegenüberstellung von Aufwendungen und Erträgnissen. Nicklisch definiert in seinem Vorschlag „Zur Klärung der Terminologie des Rechnungswesens", der im Auftrag des A.W.V. gemacht wurde: „Eine kurzfristige monatliche Erfolgsrechnung ergibt sich durch Gegenüberstellung der Erlöse und Aufwendungen, beide zwecks genauester Erfassung nach Abteilungen und kleinsten Aufwandsarten aufgeteilt[2])." Schär und verschiedene andere Autoren setzen Monatsbilanz gleich Probe- oder Rohbilanz.

Wir wollen uns in den folgenden Ausführungen den Betriebswirtschaftlern anschließen, die unter kurzfristiger Erfolgsrechnung eine genaue Aufwands- und Ertragsrechnung verstehen. Die Rohbilanz, die jede Unternehmung mindestens allmonatlich zur Abstimmung der Bücher aufmacht, benützen wir als Grundlage für unsere kurzfristige Erfolgsrechnung.

---

[1]) Walb, Kaufmännische Betriebswirtschaftslehre S. 142.

[2]) Geldmacher, Betriebswirtschaftslehre S. 6.

Die Rohbilanz soll die Grundlage für die Aufstellung der kurzfristigen Erfolgsrechnung bilden. Diese Rohbilanz darf keine besondere Mehrarbeit erforderlich machen, sie muß ohne formellen Abschluß der Konten auskommen. Denn ein buchhalterischer Abschluß der einzelnen Konten verursacht viel Schreibarbeit, das weiß der Unternehmer von der Jahresschlußbilanz her. Da heute schon viele Unternehmungen dazu übergegangen sind, auch für die Jahresschlußbilanz die einzelnen Konten nicht mehr formell abzuschließen, sondern die Additionen der einzelnen Konten in ein eigenes Abschlußbuch zu übertragen, so ist es ganz selbstverständlich, daß wir für die kurzfristige Erfolgsrechnung erst recht diesen Weg beschreiten. Dazu legen wir ein Abschlußbuch für die monatlichen Rohbilanzen an und übertragen darauf die Hauptbuchzahlen für die einzelnen Monate, die als Unterlagen für die Erfolgsberechnung dienen.

Zusammenfassend läßt sich über das Wesen der kurzfristigen Erfolgsrechnung folgendes sagen: Unter kurzfristiger Erfolgsrechnung wollen wir in dieser Arbeit regelmäßige, meist in monatlichen Perioden aufgestellte, interne Erfolgsrechnungen verstehen, die auf einer Rohbilanz basierend die Aufwendungen und Erträgnisse eines bestimmten Zeitabschnittes einander gegenüberstellen, um daraus den Erolg zu ermitteln.

3. Bedürfnis nach einer kurzfristigen Erfolgsrechnung.

Ist überhaupt ein Bedürfnis nach kurzfristigen Erfolgsrechnungen vorhanden? Diese Frage wird uns zuerst zu beschäftigen haben. Dann ist aber auch die Frage zu beantworten: Wo, in welchen Unternehmungen braucht man kurzfristige Erfolgsrechnungen? Zur Lösung dieser Frage müssen wir uns darüber Klarheit verschaffen, welche Vorteile sich ein Unternehmer von der kurzfristigen Erfolgsrechnung verspricht. Denn, wenn er nicht einen bestimmten Zweck damit verfolgt, wird er sich kaum diese freiwillige Mehrarbeit aufbürden, die eine solche Rechnung auch im bestorganisierten Betriebe mit sich bringt. Der Unternehmer wird die Vorteile der kurzfristigen Erfolgsrechnung abwägen gegen die Mehrbelastung an Arbeit und Zeit, die sie mit sich bringt, und je nachdem, ob er es für günstig hält oder nicht, diese zwischenzeitlichen Erfolgsrechnungen vornehmen lassen. So gilt es also zunächst den Zweck und die Vorteile der kurzfristigen Erfolgsrechnung zu betrachten.

31. Zweck und Vorteile der kurzfristigen Erfolgsrechnung.

Wollte man lediglich den Erfolg errechnen, so ließe sich das mit Hilfe der Bilanz erreichen; denn durch die Gegenüberstellung der Anfangs- und Schlußbilanz ist leicht der Erfolg der betreffenden Zeitperiode zu errechnen, aber er erscheint dabei nur in einer Ziffer. Damit ist uns nicht gedient, wir brauchen noch eine Erläuterung dieser Erfolgsziffer. Und diese Aufgabe fällt der Gewinn- und Verlustrechnung zu, die die einzelnen Leistungen den einzelnen Aufwendungen gegenüberstellt, um zu zeigen, aus welchen Komponenten der Erfolg resultiert. An die Stelle der seither üblichen Jahreserfolgsrechnung tritt nun die monatliche Erfolgsrechnung. Wie hoch sie Schmalenbach, der als der Erste für die kurzfristige Erfolgsrechnung eingetreten ist, schätzt, das geht aus den folgenden Worten hervor: „Die monatliche Erfolgsrechnung ist viel wichtiger als die Jahreserfolgsrechnung mit ihrer Bilanz. Die Jahreserfolgsrechnung ist vielmehr heute ein Rechenschaftsbericht für Außenstehende als eine Rechnung für den eigenen Betrieb“[1]). Schmalenbach denkt hier allerdings in erster Linie an die veröffentlichten Bilanzen, besonders an die Bilanzen der Aktiengesellschaften. Deutlich zeichnet er hier den öffentlichen Charakter der Jahresschlußbilanz gegenüber dem privaten der monatlichen Abrechnungen.

In erster Linie dient die kurzfristige Erfolgsrechnung, wie überhaupt jede Erfolgsrechnung, der Ermittlung des Erfolgs. „Die zwischenzeitliche Erfolgsrechnung ist Selbstzweck; der Unternehmer will die Erfolge der einzelnen Unternehmungen für sich und die bis zum Ende jeder Periode erzielten Erfolge insgesamt noch vor der Jahresabrechnung kennenlernen“[2]). So wird die monatliche Erfolgsrechnung zum Kontrollmittel für den Betrieb. Damit stimmt auch die von Nicklisch in dem oben erwähnten Vorschlag für den A.W.V. genannte Zweckangabe überein[3]): „Die kurzfristige Erfolgsrechnung erfüllt das Bedürfnis, die Ergebnisse des Produktionsprozesses in möglichst kurzer Zeit nach dem Ablauf des Prozesses festzustellen, um Folgerungen jeglicher Art für die Zukunft daraus zu ziehen.“ Der Unternehmer prüft genau das Anwachsen der Erfolgsziffer und errechnet daraus, welchen Erfolg er auf den einzelnen Zeitabschnitt zu verbuchen hat. Vergleicht er ferner diese Zahl mit dem Eigenkapital, so zeigt sich eine gewisse Rentabilität. Aus diesen Rentabilitätskurven lassen sich wertvolle Schlüsse auf die Entwicklung des Betriebes ziehen. Sie geben einen Fingerzeig, ob die durchgeführten Verbesserungen im Betrieb zweckmäßig sind, wo sie abgeändert werden müssen. Das Ziel des privatwirtschaftlichen Unternehmens ist der Erfolg, und zwar der größtmöglichste Erfolg unter Aufwand der vorhandenen geringsten Mittel. Inwieweit der Betrieb nach diesem Sparprinzip zu arbeiten vermag, das soll sich aus den monatlichen Erfolgsrechnungen herauslesen lassen. Für den Unternehmer ist es aber nicht allein wissenswert, ob der Betrieb gut oder schlecht

[1]) Schmalenbach, Zur Weiterbildung der monatlichen Erfolgsrechnung. Zeitschrift f. handelsw. Forschung, 20. Jahrg., S. 150.

[2]) Leitner, Wirtschaftslehre der Unternehmung S. 349.

[3]) Geldmacher, Betriebswirtschaftslehre S. 6.

gearbeitet hat, sondern vielmehr noch an welcher Stelle, in welcher Abteilung der Erfolg entstanden ist. So nur wird dem Betriebsleiter ein Blick in die einzelnen Zellen ermöglicht, wenn er die Quellen erkennt, aus denen der Erfolg fließt. Findet er auf diese Weise an einer Stelle des Betriebes etwas nicht in Ordnung, so kann er rasch Abhilfe schaffen, anderseits aber kann er den tüchtigen Arbeiter zum Vorteil des Geschäftes hervorheben.

Die monatliche Erfolgsrechnung bildet ferner eine Grundlage für die Selbstkostenrechnung. Die Kalkulation hat in den letzten Jahren eine gewaltige Verbesserung erfahren, dadurch daß Aufteilungspläne für die Unkosten aufgestellt worden sind. Jedoch alle Unkosten lassen sich auch bei weitestgehender Aufteilung nicht direkt erfassen. Um einen Aufteilungsschlüssel für diese nicht unmittelbar verrechenbaren Unkosten zu erhalten, bedarf die Unternehmung genauer Unterlagen, und diese soll eine kurzfristige Erfolgsrechnung erbringen. Dadurch daß sie die einzelnen Aufwendungen und Erträgnisse nebeneinander reiht, läßt sich daraus ein Schlüssel finden, nach dem man die Unkosten zu bekannten Größen in Beziehung setzen kann. So werden z. B. die Unkosten prozentual auf die Löhne oder auf das Material verrechnet. Regelmäßige monatliche Erfolgsrechnungen werden dartun, wie sich diese Relationen von Monat zu Monat ändern und der Betriebsleiter kann dementsprechend seine Unkostenzuschläge erhöhen oder verringern, wie es ihm nötig erscheint. Liegt dagegen nur die Jahreserfolgsrechnung vor, so können sich darin leicht übermäßige Unkosten der einen Periode mit geringeren einer anderen Periode kompensieren. Den Betriebsleiter interessiert aber mehr der genaue Verlauf der Unkostenkurven.

Der kurzfristigen Erfolgsrechnung fällt auch die Aufgabe zu, die Jahreserfolgsrechnung zu kontrollieren. Jeder Kaufmann weiß, daß die Jahreserfolgsrechnung nur ein Vergangenheitsbild gibt, wird sie doch meistens erst einige Monate nach dem Bilanzstichtag fertig. Anders ist es bei den Monatsabrechnungen. Hier muß darauf gesehen werden, daß sie möglichst bald nach dem Monatsende fertig vorliegen. Ganz besonders gegen Schluß des Geschäftsjahres gewinnen sie an Bedeutung. Es läßt sich dann der ungefähre Erfolg aus den monatlichen Erfolgsziffern errechnen. Vor allem für die Gewinnverteilungsgesellschaften, die auf Grund der Jahresschlußbilanz Gewinn verteilen, ist es wichtig, sich rechtzeitig über die voraussichtliche Höhe des Erfolges ein Bild zu verschaffen, damit die zur Gewinnverteilung benötigten Barmittel bereitgestellt werden können.

Es sind noch eine Reihe von Sonderzwecken aufzuzählen, denen die kurzfristige Erfolgsrechnung zu dienen hat. Machen sich betriebstechnische Veränderungen notwendig, so wird eine Monatsabrechnung eine gute Grundlage dafür bilden, um rechtzeitig deren Ausmaß zu erkennen; sollen die Betriebsanlagen erweitert werden oder ist es besser, sie zu verkleinern; sollen neue Fabrikationszweige eingeführt oder alte abgestoßen werden oder soll ein Nebenbetrieb, der sich als besonders gewinnbringend erwiesen hat, gefördert werden? Auf solche Fragen wird sich an Hand einer kurzfristigen Erfolgsrechnung eine befriedigende Antwort finden lassen. Auch in Fragen, die das Kapital berühren, leistet sie wertvolle Dienste. Bei Kapitalsgesellschaften erweist es sich während des Geschäftsjahres als notwendig, daß das Kapital erhöht oder herabgesetzt werde, oder es mag vorteilhaft erscheinen, eine Interessengemeinschaft mit einem anderen Unternehmen einzugehen oder gar eine Fusion anzustreben. Wird der Vorstand einer Gesellschaft durch monatliche Erfolgsrechnungen zur rechten Zeit darauf aufmerksam gemacht, so können der Aufsichtsrat und Vorstand rechtzeitig Vorbereitungen treffen und der Generalversammlung die entsprechenden Vorschläge unterbreiten, die mit dem Ausfall der Jahreserfolgsrechnung im engsten Zusammenhang stehen. Unter Umständen kann sogar auf Grund einer „Zwischenbilanz" eine außerordentliche Generalversammlung einberufen werden, was nach § 240 HGB. geschehen muß, sobald der Verlust die Hälfte des Aktienkapitals erreicht hat. Doch nicht allein gegen Ende des Geschäftsjahres bietet die Monatsabrechnung eine gute Grundlage für finanzielle Dispositionen. Braucht ein Unternehmer Kredit, so wird eine kurzfristige Erfolgsrechnung erkennen lassen, in welcher Höhe und in welcher Form er für die Unternehmung am günstigsten sein wird. Das ist auch von Bedeutung für den Einzelkaufmann und die offene Handelsgesellschaft. Hier wird eine kurzfristige Erfolgsrechnung zeigen, ob es ratsam ist, einen neuen Gesellschafter aufzunehmen oder einen Gesellschafter zum Austritt zu veranlassen. Kann man möglichst schnell die Krankheit erkennen und sofort die zur Gesundung erforderlichen Schritte unternehmen, so kann ein Verlust vermieden werden, der sich sonst vielleicht erst in der Jahreserfolgsrechnung in seiner ganzen Schwere auswirken würde.

Ist ein Unternehmen dazu übergegangen, regelmäßige Monatserfolgsrechnungen anzufertigen, so ist ihm die Möglichkeit geboten, die einzelnen Ergebnisse fortlaufend miteinander zu vergleichen. Gerade diese Vergleichbarkeit ist mit ein Hauptzweck der kurzfristigen Erfolgsrechnung. Von großem Werte ist es, Monat mit Monat vergleichen zu können; denn bei einer so kurzen Zeitspanne muß sich jede Veränderung, sei es nach oben oder unten, deutlich auswirken. In kürzeren Zeiträumen wird man so einen genauen Überblick über die Lage des Unternehmens und die Höhe des Erfolges sich verschaffen können.

Was läßt sich nun alles miteinander vergleichen? Zunächst einmal werden die einzelnen Zeitperioden einander gegenübergestellt; natürlich ist das nur dann von Wichtigkeit, wenn sie unter gleichen Bedingungen stehen und stets nach denselben Grundsätzen aufgemacht werden. Nicht die Gegenüberstellung der Erfolgsziffern ist die Hauptsache, sondern vielmehr der Vergleich der gemachten Aufwendungen und der erzielten Erträgnisse. Der Erfolg, absolut genommen, kann in mehreren Vergleichsperioden ziemlich auf der gleichen Höhe bleiben, während sich die Menge der gefertigten Produkte in derselben Zeit vergrößert oder verringert haben kann. So gibt uns also nur die Beziehung zwischen tatsächlichen Aufwand und wirklichen Leistungen ein brauchbares Bild. Hierbei ist auf einen Gedankengang hinzuweisen, der leicht eine falsche Vorstellung erwecken möchte. Vergleichbar sind nur solche Kosten, die mit dem Produkt in innerem Zusammenhang stehen. Es wäre zwecklos, die Beleuchtungskosten der einzelnen Monate miteinander zu vergleichen. Noch krasser wird der Fall, wenn wir die Heizungskosten als Gegenstand unserer Vergleiche wählen würden. Diese Kosten sind abhängig vom Wechsel der Jahreszeiten. Wohl können sie durch die Produktion beeinflußt werden, wenn z. B. vor Weihnachten Überstunden gemacht werden müssen; im allgemeinen ergäbe sich für die Vergleichbarkeit der monatlichen Erfolgsrechnungen jedoch ein ganz falsches Bild, weil die Beheizungs- und Beleuchtungskosten, von wenigen Ausnahmen abgesehen, in keinem Zusammenhang mit der Menge der hervorgebrachten Leistungen stehen.

Ferner können einzelne Abteilungen des Betriebes miteinander verglichen werden, um zu sehen, welche rentabler arbeiten. Hierbei ist allerdings Vorsicht geboten; denn ein Nebenbetrieb, wie schon aus der Bezeichnung „Nebenbetrieb" hervorgeht, rentiert meistens nicht in der gleichen Weise wie die wirklichen Fabrikationsabteilungen, kann aber unter Umständen sehr gewinnbringend sein.

Endlich wäre es von Vorteil für einen Unternehmer, könnte er seine Monatsabrechnung mit der ähnlicher Betriebe vergleichen. Bei horizontalen Zusammenschlüssen von Unternehmungen zu Verbänden oder bei Filialbetrieben mag diese Möglichkeit gegeben sein, sofern alle Unternehmungen ihre Erfolgsrechnungen nach einem einheitlichen Schema aufmachen, sonst aber wohl nicht. Die kurzfristige Erfolgsrechnung soll eine interne Angelegenheit des Unternehmers sein, und das bringt es mit sich, daß ein Vergleich mit den Rechnungen anderer Unternehmungen ausgeschlossen ist.

Nicht unerwähnt soll bleiben, daß die regelmäßig aufgestellten Monatserfolgsrechnungen einen erzieherischen Einfluß auf das Buchhaltungspersonal auszuüben vermögen. Die Angestellten werden dadurch gezwungen, ihre Bücher auf dem Laufenden zu halten, damit in möglichst kurzer Zeit nach dem Monatsende die Erfolgsrechnung fertiggestellt werden kann. So wird es dann auch möglich sein, die Jahresschlußbilanz eher in ihrer endgültigen Gestalt herauszubringen, als es bisher der Fall war. Rückstände werden tunlichst vermieden; zum mindesten müssen sie monatlich aufgearbeitet werden. Außerdem wird durch die kurzfristigen Erfolgsrechnungen die Buchhaltung in ziemlich kurzen und regelmäßigen Zeiträumen einer Kontrolle unterzogen, so daß Veruntreuungen, Diebstähle oder auch unfreiwillige Fehler rascher zum Vorschein kommen, als es in der Jahresschlußbilanz möglich war.

Das Nächstliegende wäre es nun, den Vorteilen die Nachteile gegenüberzustellen. Doch von Nachteilen kann man hier eigentlich nicht reden, sondern nur von Schwierigkeiten, die sich bei der Aufstellung einer kurzfristigen Erfolgsrechnung ergeben. Darauf werden wir bei den entsprechenden Abschnitten der Arbeit eingehen.

32. Abhängigkeit von Betriebsgröße und Unternehmungsart.

Angesichts der eben angeführten Vorteile ist es begreiflich, daß viele Unternehmer das Bedürfnis haben, eine kurzfristige Erfolgsrechnung aufzumachen. Es ginge aber zu weit, wenn man behauptete, daß alle Unternehmungen in gleicher Weise eine solche Rechnung nötig hätten. Die meisten Betriebswirtschafter, die sich mit diesem Problem befaßt haben, setzen es als selbstverständlich voraus, daß ein Unternehmen kurzfristige Erfolgsrechnungen braucht. Hier wollen wir kritisch untersuchen, ob das der Fall ist. Aus den allgemeinen Ausführungen über die kurzfristige Erfolgsrechnung und erst recht aus den Untersuchungen einzelner Betriebe geht deutlich hervor, daß in fast allen aufgezählten Beispielen der Industriegroßbetrieb als Beobachtungsgrundlage dient, während ganz selten das kleine Handelsgeschäft Beachtung findet. Wir können daraus schließen, daß das Bedürfnis nach einer kurzfristigen Abrechnung abhängig ist einmal von der Betriebsgröße, dann aber auch von der Unternehmungsart.

Ein Viehhändler, der sein Geschäft allein oder mit seinem Sohne betreibt, hat kaum ein Bedürfnis nach einer kurzfristigen Erfolgsrechnung. Ohne großen Zeitverlust kann er stets eine Stückerfolgsrechnung anstellen, indem er die Einnahmen für ein Stück Vieh mit den dafür gemachten Ausgaben vergleicht, wobei die Differenz den Erfolg angibt.

Auch ein Kleinhändler oder Gewerbetreibender, der selbst sein Geschäft leitet und überblicken kann, wird sich nicht die Arbeit aufbürden, die eine kurzfristige Erfolgsrechnung erfordert. Wenn er überhaupt den monatlichen Erfolg ermitteln will, muß er die Einnahmen und Ausgaben einander gegenüberstellen und die Vorräte, die in einem solchen Betrieb meistens keinen allzu großen Umfang annehmen, berücksichtigen.

Ein Großbetrieb dagegen wird heute kaum mehr die kurzfristigen Abrechnungen entbehren können. Hat ein Betrieb eine bestimmte Größe erreicht, so ist es ganz unmöglich, daß der Unternehmer allein noch den Betrieb übersehen kann. Und gerade diese Unübersichtlichkeit ist ein wichtiger Punkt, der für die kurzfristige Erfolgsrechnung spricht. Mit der Größe des Betriebes wächst der Umfang des Rechnungswesens und die Zahl der Angestellten, und damit ergibt sich gleichzeitig die Notwendigkeit des Rechnungswesens, in kürzeren Zeitabschnitten zu prüfen. Diese Aufgabe hat nicht zuletzt die kurzfristige Erfolgsrechnung zu lösen.

Eine gewisse Größe muß ein Betrieb erreicht haben, sonst besteht kein Bedürfnis nach einer kurzfristigen Erfolgsrechnung. Es läßt sich schwer entscheiden, wo diese Grenze liegt. Generell kann das überhaupt nicht festgestellt werden; denn es spielt neben der Betriebsgröße ein anderer Faktor mit herein, nämlich die Unternehmungsart.

Bei den industriellen Unternehmungen hat sich vor allem das Bedürfnis nach zwischenzeitlichen Abrechnungen herausgebildet. Das Industrieunternehmen mit seinen zahlreichen Betrieben und seinem weitverzweigten Rechnungswesen braucht infolge seiner großen Ausdehnung eine häufige Kontrolle, eben in Form von kurzfristigen Erfolgsrechnungen. Zugleich treten aber hier die größten Schwierigkeiten bei der Durchführung auf. Wie wir noch sehen werden, erschweren die Vorräte, die ein Unternehmen hat, die genaue Erfolgsrechnung. Dazu kommt beim Industriebetrieb noch, daß wir es nicht mit einheitlichen Vorräten zu tun haben; Bestände der verschiedensten Art lagern hier als Rohstoffe, Hilfsstoffe, Halbfabrikate und endlich als Fertigwaren. Betriebe mit Massen- oder Serienfabrikation — man denke etwa an die große Zahl von Automobilfabriken, die nur bestimmte Typen herstellen — können diese Schwierigkeiten der Bestandsermittlung leichter überwinden als solche Unternehmungen, in denen Erzeugnisse der verschiedensten Art angefertigt werden.

Bei Handelsunternehmungen kann der Fall eintreten, daß die Bestände kein Hindernis für die kurzfristige Erfolgsrechnung bilden. Makler, Agenten, Verkaufskommissionäre können jederzeit an Hand ihrer Bücher eine zwischenzeitliche Erfolgsrechnung aufmachen. Ein Lager führen sie nicht, also ist die Differenz zwischen Einnahmen und Ausgaben der Erfolg. Noch einfacher ist diese Rechnung beim Viehhändler; doch wird er im allgemeinen kein Bedürfnis nach monatlichen Abrechnungen haben. Sofern er nicht der Steuer wegen ein Buch über seine Ein- und Verkäufe führt, wird er im Inhalt seines Geldschrankes den Erfolg verkörpert sehen.

Daneben gibt es Handelsunternehmungen, die zwar eine beträchtliche Größe haben, trotzdem aber leicht ihre Vorräte ermitteln können. Zu dieser Gruppe gehören alle jene Händler, die mit Objekten von großem Wert handeln, z. B. die Immobilienhändler. In den meisten derartigen Fällen ist der Großhändler nur Kommissionär und damit vereinfacht sich die Erfolgsrechnung wesentlich, da die Bestände nicht sein Eigentum sind.

Einem großen Teil von Handelsunternehmungen kommen diese Erleichterungen nicht zustatten, den Geschäften, die gezwungen sind, große Vorräte zu halten. Die vielseitigsten Lager weisen das Warenhaus und der Kolonialwarenhandel auf. Diese Menge verschiedenartigster Waren allmonatlich durch Inventar aufzunehmen, bedeutete eine große Arbeitsleistung. Trotzdem ist gerade in diesen Unternehmungen das Bedürfnis nach zwischenzeitlichen Erfolgsrechnungen vorhanden. Mit Hilfe von Inventur und Bilanz läßt sich diese Rechnung aber nur mit hohen Kosten durchführen, wenn nicht gar zeitweilig ein Betriebsstillstand eintreten muß.

Für die Kreditbanken, die Aktiengesellschaften sind, schreibt eine Verordnung vom 15. März 1928 Monatsbilanzen vor, die wir allerdings nicht als Erfolgsrechnungen ansprechen können. An der Aufnahme der Bestände würde bei den Banken die zwischenzeitliche Erfolgsrechnung nicht scheitern; denn hier sind sehr weitgehende Skontrationen eingeführt, so daß die Bestände schnell und mit ziemlicher Genauigkeit ermittelt werden können. Im übrigen wird jede Bank mindestens alle Monate die Bestände an Wertpapieren, Sorten und Wechseln und täglich die Bargeldvorräte aufnehmen. Hierin kann die Schwierigkeit nicht liegen, sie ist wo anders zu suchen. Einen guten Teil des Erfolges machen bei den Banken die Zinsen und Provisionen aus. Soll die monatliche Erfolgsrechnung nicht nur eine Schätzung sein, dann müßten die Banken monatlich ihre Konten abrechnen. Abgesehen von der Arbeit, die dieser monatliche Abschluß verursachen würde, werden sich die Kunden der Bank sehr dagegen verwahren; denn durch diese monatlichen Abrechnungen ergeben sich von selbst Zinseszinsen, so daß dadurch die ohnehin schon hohen Zinssätze eine weitere Steigerung erfahren würden. Von der jährlichen Abrechnung der Kontokorrentkonten sind heute wohl alle Banken zur halb- oder vierteljährlichen Abrechnung übergegangen. Demnach können auch nur halb- bzw. vierteljährliche genaue Erfolgsrechnungen aufgemacht werden. Eine kurzfristige Erfolgsrechnung kann nur dann Anspruch auf volle Genauigkeit erheben, wenn die Zinsen und Provisionen einwandfrei festgestellt worden sind. Verschiedene Versuche werden von den Banken gemacht, um monatliche Erfolgsrechnungen ohne Abschluß der Konten zu bekommen. So will eine Münchner Bank, die mit ihren Kunden vierteljährlich abrechnet, auf Grund von ungefähren, auf Erfahrungen basierten Rechnungen den Erfolg allmonatlich bestimmen. Unseres Erachtens sind diese Versuche als Spekulationen anzusehen, die einer wissenschaftlichen Betrachtung nicht standhalten können. Daraus ergibt sich für die Banken praktisch die Unmöglichkeit, genaue monatliche Erfolgsrechnungen aufzumachen.

Der selbständige Handwerker hat kaum ein Bedürfnis nach kurzfristigen Erfolgsrechnungen; denn es handelt sich hier in den meisten Fällen um kleine oder mittlere Betriebe. Die Vorräte, die zwar nicht dem Werte nach, um so mehr aber mengenmäßig infolge ihrer großen Verschiedenartigkeit ins Gewicht fallen, kann der Handwerker nicht jeden Monat aufnehmen, und Skontren zu führen wäre zu zeitraubend und umständlich. Der Handwerker kann zumeist den Gang des Geschäftes selbst überwachen und damit auch den Erfolg ungefähr einschätzen. Erst durch die Jahresschlußbilanz wird er das genaue Ergebnis erfahren.

Ein anderer Umstand wirkt hier auf die Durchführung kurzfristiger Abrechnungen erschwerend ein. Der Handwerker bedient sich gewöhnlich der einfachen Buchführung, und so ist es ganz unmöglich, ohne körperliche Inventur eine genaue Erfolgsrechnung anstellen zu können. Es sind freilich die verschiedensten Versuche gemacht worden, die in diese einfache Buchführung gewisse Teile der Systematik eingliedern wollen. So wurde z. B. im Kassenbuch eine Spalte eingerichtet, in die alle Posten, soweit sie den Erfolg beeinflussen, aufgenommen werden. Damit ist aber der gewünschte Zweck nicht ganz erreicht, da diese Posten nur einen kleinen Teil der erfolgswirksamen Zahlen bedeuten. Die Hauptaufwendungen beim Handwerk sind stets Arbeitslohn und Materialverzehr, die Leistungen verkörpern sich in der Produktion. Diese Aufwendungen und Leistungen lassen sich in einer solchen Spalte nicht genau ausscheiden.

Einige Gattungen von Unternehmungen sind noch zu nennen, die ein Bedürfnis nach kurzfristigen Erfolgsrechnungen haben und dies auch leicht befriedigen können, weil keine Bestände vorhanden sind. Ein Elektrizitätswerk z. B. kann nicht auf Vorrat produzieren mit Ausnahme von einer Anzahl von Akkumulatoren, die für eventuelle Notfälle Strom aufspeichern. Den Einnahmen, die dem Werk für abgegebenen Strom monatlich zufließen, werden die Aufwendungen des gleichen Zeitraums gegenübergestellt; die Differenz daraus ergibt den Erfolg. Freilich sind in solchen Unternehmungen die fixen Kosten, die Abschreibungen auf Maschinen, Gebäude, Wasserbauten und sonstige Anlagen von ganz besonderer Bedeutung und daher auch in den monatlichen Erfolgsrechnungen zu berücksichtigen.

Vollständig fehlen Vorräte bei den Unternehmungen, die Dienstleistungen als Gegenwert ihres Geschäftes haben. Dazu zählen die Speditions- und Verkehrsunternehmungen. Der Spediteur sieht im Unterschied zwischen seinen Auslagen und Aufwendungen einerseits und den die gleichen Aufträge betreffenden ausgeschriebenen Rechnungen anderseits den Erfolg. Für die Verkehrsunternehmungen, etwa private Eisenbahngesellschaften, bedeutet die Differenz zwischen Ausgaben und Einnahmen den Erfolg. Natürlich sind auch hier die fixen Kosten und Abschreibungen in die Erfolgsrechnungen miteinzubeziehen.

Damit ergibt sich von selbst die Begrenzung des Themas. Das Bedürfnis nach kurzfristigen Erfolgsrechnungen tritt erst bei einer gewissen Betriebsgröße auf, ist aber wesentlich von der Unternehmungsart abhängig. Manche Unternehmungen können leicht solche Abrechnungen anstellen, der größere Teil aber begegnet dabei Schwierigkeiten. Gerade die Unternehmungen, bei denen sich der Durchführung die meisten Hindernisse entgegenstellen, haben das dringendste Bedürfnis nach kurzfristigen Erfolgsrechnungen. Dazu sind die mittleren und großen Betriebe von Industrie- und Handelsunternehmungen zu zählen, und so wollen wir unsere weiteren Ausführungen auf diese Gruppe beschränken. Eine genaue Umgrenzung des Begriffes: mittlerer Betrieb ist allerdings generell nicht möglich, da Verschiedenheiten je nach der Unternehmungsart eintreten.

4. Gesetzliche Bestimmungen.

Bevor wir uns mit der kurzfristigen Erfolgsrechnung selbst beschäftigen, wollen wir die gesetzlichen Vorschriften, die hier einschlägig sind, ansehen.

Zunächst haben wir die allgemeinen Vorschriften zu betrachten, die sich mit der Bilanz und Gewinn- und Verlustrechnung befassen. In erster Linie kommt in Frage das Handelsgesetzbuch vom 16. Mai 1897. § 39 HGB. verlangt von jedem Kaufmann eine Eröffnungsbilanz und ferner für den Schluß eines jeden Geschäftsjahres ein Inventar und eine Bilanz. Nach § 260 HGB., der nur für die Aktiengesellschaft Gültigkeit hat, muß „der Vorstand in den ersten drei Monaten des Geschäftsjahres eine Bilanz, eine Gewinn- und Verlustrechnung sowie einen den Vermögensstand und die Verhältnisse der Gesellschaft entwickelnden Bericht dem Aufsichtsrat und mit dessen Bemerkungen der Generalversammlung vorlegen". Diese beiden Paragraphen sind Normen zwingenden Rechts, die nicht durch die Statuten einer Gesellschaft abgeändert werden können. Sie beziehen sich aber lediglich auf die Jahresschlußbilanz, während für die Aufstellung von Zwischenbilanzen im HGB. keine besonderen Bestimmungen enthalten sind.

Das Wort „Zwischenbilanz" wird überhaupt nur im § 240 HGB. gebraucht. Dort heißt es in Abs. 1: „Erreicht der Verlust, der sich bei Aufstellung der Jahresbilanz oder einer Zwischenbilanz ergibt, die Hälfte des Grundkapitals, so hat der Vorstand unverzüglich die Generalversammlung zu berufen und dieser davon Anzeige zu machen", und in Absatz 2: „Sobald Zahlungsunfähigkeit der Gesellschaft eintritt, hat der Vorstand die Eröffnung des Konkurses zu beantragen; dasselbe gilt, wenn sich bei der Aufstellung der Jahresbilanz oder einer Zwischenbilanz ergibt, daß das Vermögen nicht mehr die Schulden deckt." Nur im Zusammenhang wird hier von Zwischenbilanzen gesprochen, eine direkte Vorschrift, solche aufzumachen, läßt sich aus diesen Paragraphen wohl nicht herauslesen. Die folgende Auslegung wäre vielleicht angebracht: Hat ein Unternehmen große Verluste erlitten, dann muß es eine Zwischenbilanz aufstellen, um die genaue Höhe dieses Verlustes ermitteln zu können und, sofern einer der im § 240 aufgezählten Gründe vorliegt, die dort vorgeschriebenen Maßnahmen ergreifen. Für den Charakter der Zwischenbilanz ist aber doch aus § 240 HGB. etwas zu entnehmen. Der Gesetzgeber denkt offenbar an eine Bilanz mit Gewinn- und Verlustrechnung, die für einen kürzeren Zeitraum als ein Jahr aufgestellt ist; das geht aus der Gleichstellung der Worte „Jahresbilanz" und „Zwischenbilanz" hervor. Wir erkennen deutlich aus dieser Vorschrift, daß Zwischenbilanz nicht gleichbedeutend mit Rohbilanz sein soll, was Staub in seinem Kommentar allerdings leugnet; denn eine Rohbilanz könnte nicht die Angaben liefern, die § 240 HGB. von ihr fordert. Eine Verpflichtung zur Aufstellung regelmäßiger Monatsbilanzen liegt nicht vor; es steht vielmehr im freien Ermessen eines jeden Kaufmanns, kurzfristige Erfolgsrechnungen in monatlichen oder auch anderen Zeitabständen aufzumachen. Jedenfalls steht dem nichts im Wege, daß eine Gesellschaft in ihren Statuten dem Vorstand die regelmäßige Aufstellung von kurzfristigen Erfolgsrechnungen zur Pflicht macht. Wie das Gesetz sich zu aperiodischen Zwischenbilanzen verhält, das hängt von der Auslegung des § 240 HGB. ab.

Eine mittelbare Beziehung läßt sich aus § 215 HGB. ableiten. Dort wird betont, „es darf nur dasjenige unter die Aktionäre verteilt werden, was sich nach der jährlichen Bilanz als Reingewinn ergibt". Daraus ist unzweideutig zu ersehen, daß es nicht angängig ist, auf Grund einer zwischenzeitlichen Erfolgsrechnung Gewinn zu verteilen. Der Sinn dieser Vorschrift ist einleuchtend, wenn man bedenkt, daß sie zum Schutze der Gläubiger der A.G. erlassen ist.

Für die Grundsätze, die bei der Aufstellung der Monatsabrechnungen maßgebend sein sollen, ist im HGB. keine Bestimmung gegeben. Es liegt gewiß kein Grund vor, der es verbietet, die Regeln anzuwenden, die die §§ 40 und 261 HGB. für die Jahresbilanzen vorschreiben. Wie aber ist es, wenn auf Grund einer Zwischenbilanz irgendwelche rechtliche Handlungen — Einberufung der Generalversammlung und Eröffnung des Konkurses nach § 240 HGB. — vorgenommen werden? In einem solchen Fall muß wohl gefordert werden, daß die Zwischenbilanz nach den Regeln aufgemacht wird, die für die Jahresbilanz gelten. Sonst könnten berechtigte Zweifel darüber entstehen, ob der Erfolg auch dem Gesetz entsprechend richtig ausgewiesen wird. Aber auch sonst steht nichts im Wege für die monatlichen Bilanzen die Bewertungsvorschriften des § 40 bzw. § 261 HGB. zu wählen; ein zwingender Grund hierfür ist nicht gegeben. Die Zwischenbilanzen können also auch abweichend von den für die Jahresbilanz gültigen Normen aufgemacht werden. Daran wird sich die Praxis in den meisten Fällen halten. Die Abweichung zeigt sich in einem andern Punkte. Die Jahresbilanz muß stets mit Ausnahme des § 39 Abs. 3 HGB. auf einer Inventur aufgebaut sein. Wie wir oben gesehen haben, ist es für die kurzfristige Erfolgrechnung geradezu eine Notwendigkeit, ohne vollständige Inventur auszukommen; denn die große Mehrbelastung an Arbeit und Zeit, die damit verbunden ist, könnte den Wert einer solchen Zwischenbilanz in Frage stellen. Will man allerdings eine Kontinuität der einzelnen Monatserfolgsrechnungen mit der Jahreserfolgsrechnung anstreben, dann muß man an den Grundsätzen, vor allem hinsichtlich der Bewertung festhalten, die das HGB. gibt. Darüber werden wir noch an anderer Stelle berichten.

Außer dem HGB. enthält das Gesetz betreffend die Gesellschaften mit beschränkter Haftung vom 20. Mai 1898 allgemeine Vorschriften. § 41 dieses Gesetzes verlangt, daß „in den ersten drei Monaten des Geschäftsjahres die Bilanz für das verflossene Geschäftsjahr nebst einer Gewinn- und Verlustrechnung" aufzustellen sei. Ebenso fordert das Reichsgesetz über die Erwerbs- und Wirtschaftsgenossenschaften vom 12. August 1896 in § 48 „eine Bilanz sowie eine den Gewinn und Verlust des Jahres zusammenstellende Berechnung". Von Zwischenbilanzen ist in beiden Gesetzen nichts erwähnt.

Anzuführen wäre noch die Reichsabgabenordnung vom 13. Dez. 1919, die aber lediglich Bewertungsvorschriften gibt und uns deshalb bei der Frage der Bewertung beschäftigen wird.

Besondere Bestimmungen gelten für die Kreditbanken. Unterm 4. Juli 1910 ist vom Reichskanzler eine Bekanntmachung ergangen betreffend die Zulassung von Wertpapieren zum Börsenhandel, derzufolge künftig die Zulassung von Aktien inländischer Kreditbanken an die Bedingung geknüpft ist, daß die Bank sich zur Veröffentlichung von Zweimonatsbilanzen verpflichtet. Für diese Publikation wurde ein bestimmtes Schema vorgeschrieben, das die Übersichtlichkeit erleichtern, zugleich aber auch Bilanzverschleierungen verhindern sollte. Vom 1. Juli 1912 bis zum Beginn des Weltkrieges wurden diese Zweimonatsbilanzen in den größeren Tageszeitungen veröffentlicht. Während des Krieges ist den Banken die Aufstellung dieser Zwischenbilanzen erlassen worden. Erst durch eine Bekanntmachung vom 19. Februar 1925 wurde vom Reichswirtschaftsminister angeordnet, daß die Zweimonatsbilanzen gemäß der Vorschrift von 1910 wieder zu veröffentlichen seien. Die Kreditbanken, soweit sie Aktiengesellschaften sind, lieferten ihre Zweimonatsbilanzen an die Reichsbank ein, die sie dann in allgemeinen Übersichten im Reichsanzeiger und großen Tageszeitungen publizierte. Eine Bekanntmachung vom 15. März 1928 schreibt vor: „Die Bilanzen sind für den letzten Werktag eines jeden Monats mit Ausnahme des Dezembers und Januars aufzustellen und spätestens im letzten Drittel des folgenden Monats zu veröffentlichen." So müssen die Kreditbanken seit jüngster Zeit Monatsbilanzen aufmachen. Allerdings können wir diese Monatsbilanzen ebenso wie zuvor die Zweimonatsbilanzen in der Form, wie sie nach dem gegebenen Schema aufgestellt werden, nicht zu den kurzfristigen Erfolgsrechnungen zählen. Denn es findet sich darin kein Posten, aus dem ein Anwachsen des Gewinnes zu ersehen wäre. Der Erfolg ist in dem Posten „diverse Aktiva" bzw. „diverse Passiva" neben anderen Beträgen mit enthalten. Auf Grund dieser gesetzlichen Monatsbilanzen können die Kreditbanken wohl interne Monatsabrechnungen aufmachen, die den von uns gestellten Forderungen entsprechen.

5. Die Technik der kurzfristigen Erfolgsrechnung.

Unter kurzfristiger Erfolgsrechnung wollen wir in dieser Arbeit, wie schon oben erwähnt, eine Rechnung verstehen, die den Erfolg einer abgegrenzten Zeitperiode zur Darstellung bringt. Lediglich die Abschnittserfolgsrechnungen sollen uns hier beschäftigen, nicht die Stückerfolgsrechnungen. Der Stückerfolgsrechnung fällt die Aufgabe zu, den Erfolg, der auf die Leistungseinheit entfällt, zu ermitteln. Bei großen Objekten von langer Produktionsdauer und hohem Werte — z. B. beim Bau eines Ozeandampfers — ist sie sicher von großer Wichtigkeit. Im allgemeinen tritt jedoch das zeitliche Moment mehr in den Vordergrund, so daß den Abschnittserfolgsrechnungen ein höherer Wert beigemessen wird. Die Einschnitte, die dabei durch den immer weiter fließenden Strom der Produktions- und Absatztätigkeit eines Unternehmens gezogen werden, sind ganz willkürlich, wenn sie auch an bestimmte Tage (den letzten Tag des Monats oder Vierteljahres oder auch den Jahresschluß) gebunden sind. Infolge des Auseinanderfallens der Produktions- und Absatzzeit ergeben sich im Rechnungswesen manche Schwierigkeiten, die vor allem bei der Aufstellung der kurzfristigen Erfolgsrechnung auftreten. Soll eine kurzfristige Abrechnung durchgeführt werden, so haben wir uns zuerst mit diesen Schwierigkeiten zu befassen. Zwei Probleme sind es im besonderen, mit denen wir uns auseinanderzusetzen haben: 1. Die Erfassung von Aufwendungen und Erträgnissen, soweit sie auf eine bestimmte Zeitperiode entfallen, und 2. die Trennung von Umsatz- und Wertveränderungserfolg. Sind diese Fragen gelöst, so darf damit das Problem der kurzfristigen Erfolgsrechnung überhaupt als gelöst betrachtet werden.

51. Die Erfassung von Aufwand und Ertrag pro Zeiteinheit.

511. Aufwand und Ertrag.

Die Aufgabe der Erfolgsrechnung — sei es Stück- oder Abschnittserfolgsrechnung — ist es in erster Linie, den Erfolg zu errechnen, wobei im ersten Falle die Leistungseinheit, im zweiten die Zeit als Beziehungsgröße dient.

Bei dem Fehlen einer einheitlichen Fachsprache in der Betriebswirtschaftslehre ist es notwendig, die Begriffe zunächst klar herauszustellen. Wir möchten dabei den neuesten Ausführungen Geldmachers über „Grundbegriffe und systematischer Grundriß des betrieblichen Rechnungswesens" folgen[1]).

Erfolg ist ein Sammelbegriff für Gewinn, den positiven Erfolg, und Verlust, den negativen Erfolg. Erfolg definiert Geldmacher (S. 7) allgemein als „Differenz zwischen Verbrauch und Ertrag". Für die Abschnittserfolgsrechnung aber ergibt sich eine ziemlich komplizierte Formel. „Der periodische Erfolg ist gleich der Summe aus allen nicht abgesetzten Leistungen (von jetzt und früher) plus den Erlösen der Periode minus der Summe aus dem Aufwand der abzurechnenden Periode plus dem Restaufwand, der in den übernommenen Leistungen aus früheren Perioden steckt." In kontenmäßiger Darstellung ergibt sich dafür folgendes Bild:

Erfolg.

Aufwendungen des betreffenden Zeitabschnittes Restaufwand, der in den Beständen aus früheren Perioden steckt	Nicht abgesetzte Leistungen (Bestände) Erlös des betreffenden Zeitabschnittes

Dazu zunächst Geldmachers Wortbestimmungen (S. 6 und 7):

„Unter Leistung werden die Ergebnisse der betrieblichen Tätigkeit (Erzeugnisse und Dienstleistungen) verstanden."

„Erlös ist das Entgelt für abgegebene (verkaufte oder umgesetzte) Leistungen."

„Der periodische Ertrag ist gleich der Summe aus den nicht abgesetzten Leistungen (also dem Produktionsüberschuß dieses Monats) und dem Erlös, vermindert um die Leistungen aus Vorperioden (also den Beständen früherer Produktionszeiten)."

„Aufwand ist der auf einen Zeitabschnitt betrieblicher Arbeit entfallende Verbrauch", wobei „Verbrauch der betriebliche Güterverzehr ist."

Die Begriffe Aufwand und Leistungen decken sich mit den Definitionen von Walb, der unter Aufwand „alle Wertopfer" und unter Leistungen „alle Wertentstehungen des Betriebs" versteht.[2])

Der Maßstab für alle diese Rechnungsgrößen, der für die Erfolgsrechnung nur in Frage kommen kann, ist die Geldform. Alle positiven Bestandteile des Erfolges werden an Einnahmen, alle negativen an Ausgaben gemessen. Der kurzfristigen Erfolgsrechnung fällt nun die Aufgabe zu, die Ausgaben auf ihre zeitliche Wirkung hin zu untersuchen und auf die einzelnen Perioden zu verteilen, ebenso auch die Einnahmen.

---

[1]) Z. f. h. F., 23. Jahrg., 1929, Heft 1.

[2]) Walb, Erfolgsrechnung priv. u. öffentl. Betriebe S. 41.

Betrachten wir, welche Beziehungen zwischen Ausgaben und Aufwand einerseits und Einnahme und Leistung anderseits bestehen. Das Gut, für das eine Ausgabe gemacht worden ist, wird in den meisten Fällen nicht in der Zeit, in der die Ausgabe erfolgt ist, auch ganz verbraucht; zum Teil fällt der Aufwand in die nämliche Periode, zum Teil vielleicht in eine frühere, zum Teil auch in eine spätere. Der Teil der Ausgabe, der in einem betreffenden Zeitabschnitt noch nicht Aufwand geworden ist, erscheint als Bilanzposten und wird so in den folgenden Geschäftsabschnitt hinübergeführt, der Teil aber, der tatsächlich Aufwand geworden ist, kommt in die Aufwands- und Ertragsrechnung. Genau so verhält es sich mit den Einnahmen und Leistungen. Die Einnahmen können der Gegenwert für Leistungen dieses Abschnitts oder eines früheren oder eines künftigen sein. Decken sich Einnahmen und Leistungen zeitlich, so erscheint der Posten als Ertrag in der Aufwands- und Ertragsrechnung, ein verbleibender Rest tritt in der Bilanz zutage.

So ist also im Rechnungswesen einer Unternehmung manches zuviel, anderes dagegen zuwenig verbucht. Das zuviel Verbuchte sind solche Ausgaben, die erst in einer späteren Zeitperiode den Erfolg beeinflussen werden. Dazu sind die Warenbestände ebensowohl zu zählen wie die Gebäude. Ferner gehören dazu alle Vorauszahlungen für Löhne, Mieten, Versicherungsprämien usw., kurz alles, was schon bezahlt ist, aber erst in einer künftigen Zeit Aufwand werden wird. Das zuwenig Verbuchte muß nachgebucht werden. Werden z. B. Mieten oder Gehälter postnumerando bezahlt, so müssen diese Beträge doch in ihrer Wirkung auf den Erfolg dieser vorhergehenden Periode erfaßt werden. Zu diesem Zweck werden eigene Verrechnungskonten (antizipative und transitorische Konten) errichtet für noch zu zahlende Löhne, Miete u. ä., deren Salden in die Bilanz übergeführt werden müssen. Aus diesem zeitlichen Auseinanderfallen von Aufwand und Ausgaben und von Leistungen und Einnahmen ist es erklärlich, daß die einfache Formel „Erfolg ist die Differenz zwischen Verbrauch und Ertrag" eine so komplizierte Form annehmen mußte, wie oben angeführt.

Die Posten, die den tatsächlichen Aufwand und die wirklichen Leistungen ausmachen, werden in der Aufwands- und Ertragsrechnung gesammelt. Auf der linken Seite stehen die Aufwendungen, auf der rechten Seite der Ertrag aus den Leistungen, der Saldo zeigt den Erfolg an. Es mag vielleicht befremdend erscheinen, daß wir hier von Aufwands- und Ertragsrechnung sprechen, statt den gewöhnlichen Ausdruck Gewinn- und Verlustrechnung zu gebrauchen. Die beiden Begriffe sind aber nicht identisch; denn die Gewinn- und Verlustrechnung ist in der Gestalt, wie sie heute in vielen Unternehmungen aufgestellt wird, nur eine abgekürzte Aufwands- und Ertragsrechnung. Schmidt spricht in einem Aufsatz von der „verkrüppelten Erfolgsrechnung"[1]). Für

[1]) Zeitschr. f. Betriebswirtschaft, 5. Jahrg., 2. Heft 1928.

die Praxis hat sich allmählich die Gepflogenheit herausentwickelt, in die Gewinn- und Verlustrechnungen nur die Aufwendungen zu setzen, die über die Kosten hinausgehen, wobei unter Kosten „die planmäßigen, kalkulierten, den Wert der umzusetzenden Produkte oder Dienste erhöhenden Ausgaben“[1]) zu verstehen sind. Ähnlich ist es auch mit den Leistungen. Die Leistungen sind die aus dem Unternehmen ausfließenden Gegenwerte für die Einnahmen. Die Gewinn- und Verlustrechnung nimmt nur einen Teil davon auf. Dazu schreibt Werner[2]): „Die planmäßigen, kalkulierten erhofften Leistungen, die intern den Kosten gegenübergestellt werden, ergeben bei richtig geleiteter Verrechnung in der Unternehmung einen Überschuß der Leistungen über die Kosten.“ Es kommen demnach nicht mehr die gesamten Leistungen auf die rechte Seite der Gewinn- und Verlustrechnung zu stehen, sondern nur ein Teil davon, eben der Überschuß.

Welche Auswüchse in dieser Hinsicht in der Praxis vorkommen, das zeigt ein Beispiel, das nicht allzu selten in den veröffentlichten Gewinn- und Verlustrechnungen anzutreffen ist. Auf der rechten Seite findet sich überhaupt nur ein Posten „Betriebsüberschuß“, „Bruttoüberschuß aus Warenkonto“ oder auch „Ertragsrest“. Auf der linken Seite stehen noch drei Posten, die Gesamtaufwendungen, die Abschreibungen und der Gewinnvortrag. Den extremsten Fall aber dürfte eine Gewinn- und Verlustrechnung darstellen, bei der als einziger Posten auf der rechten Seite: „Betriebsgewinn oder Bruttoüberschuß“ steht.

Vom Standpunkt einer exakten kurzfristigen Erfolgsrechnung können wir uns mit einer solchen abgekürzten Rechnung nicht begnügen, wir müssen eine vollständige Aufwands- und Ertragsrechnung fordern, die sämtliche Aufwendungen und Erträgnisse aufführt. Sie müßte etwa folgendermaßen aussehen:

Aufwand.	Ertrag.
An Material	Aus Fabrikation
an Löhnen	aus Miete
an Unkosten	aus Zinsen
an Abschreibungen	aus Provisionen
an Steuern	

Gewinn oder Verlust

Vor allem für die Vergleichbarkeit der einzelnen Monatsergebnisse untereinander ist diese vollständige Aufwands- und Ertragsrechnung fast unentbehrlich. Bei veröffentlichten Gewinn- und Verlustrechnungen ist es begreiflich, daß jeder Unternehmer darauf bedacht ist, seine „Ge-

[1]) Werner, Allemeine Privatwirtschaftslehre II, S. 8.

[2]) Werner, a. a. O. II, S. 9.

heimnisse" zu wahren und nur das zu veröffentlichen, wozu er unbedingt verpflichtet ist. Für den eigenen Gebrauch aber muß er besonders bei der Monatserfolgsrechnung eine vollständige Aufwands- und Ertragsrechnung anfertigen, wenn sie den Zwecken dienen soll, die ihr zugedacht sind.

512. Ermittlung der Leistungen und Erträgnisse.

Nehmen wir gleich die Ausführungen über die Leistungsermittlung vorweg. Mit der Frage der Leistungsverrechnung ist eng die Frage der Realisierung der Gewinne verknüpft. Eine Leistung wird erst dann erfaßt werden, wenn sie den erwünschten Fertigungsgrad erreicht hat, und dann darf auch frühestens die Gewinnquote eingerechnet werden.

„Eine Ware wird hergestellt, geliefert, berechnet, bezahlt[1])." Damit sind die vier Etappen genannt, bei denen eine Erfassung der Leistung möglich ist. Es liegt nahe, die Leistung nach Beendigung des Produktionsprozesses zu verrechnen. Diese Art der Verrechnung ist deshalb von Vorteil, weil Aufwand und Leistung zum größten Teil in die gleiche Periode fallen. Schwierig aber gestaltet sich in diesem Zeitpunkt die Bewertung der Leistung, also die Festsetzung des Ertrages; kann doch der Gewinn erst dann einigermaßen genau ermittelt werden, wenn die Leistung aus dem Betriebe ausgeht. Daher ist man versucht, den Ausgang der Leistung aus dem Unternehmen als den günstigsten Zeitpunkt für die Erfassung der Leistung anzusprechen. Auch hier häufen sich die Schwierigkeiten bei näherem Zusehen. Solange die Ware noch nicht in die Hände des Kunden gelangt ist, ist mit der Gefahr eines Verlustes oder einer Beschädigung oder des ganzen oder teilweisen Untergangs zu rechnen. Zudem weiß der Lieferant nicht, ob die Ware seinem Kunden zusagen wird; ob er nicht vielleicht Abzüge macht oder gar die Sendung zurückschickt. Aus diesen Gründen ist es heute in den meisten Unternehmungen üblich geworden, die Leistungen am Ausgangstag zu erfassen. Geht die Rechnung an den Kunden ab, so muß in den Büchern eine Aufzeichnung gemacht werden, und so kann der Wert der Leistung genau festgestellt werden; er ist eben der in Rechnung gestellte Betrag, und dieser Wert wird als Ertrag gebucht. Eine Gewähr dafür, daß die Leistungen auf diese Weise richtig verrechnet sind, daß wirklich dieser Ertrag erzielt werden wird, ist trotzdem noch nicht gegeben. Der Kunde kann in Zahlungsschwierigkeiten geraten und vielleicht überhaupt nicht zahlen, oder er kann durch teilweise Abzüge für Skonto oder Reklamationen den Rechnungsbetrag kürzen. Offenbar wäre der sicherste Weg zur Ermittlung der Leistungen der Zahlungseingang. Hier kann der Wert der Leistung als Ertrag zahlenmäßig einwandfrei festgestellt werden. Daß dieser Zeitpunkt des Zahlungs-

[1]) Schmalenbach, Dynamische Bilanz S. 113.

eingangs in der Praxis nicht beliebt ist, kommt daher, daß heute bei fast allen Geschäften ein Ziel von 30 Tagen bis zu 3 Monaten gewährt werden muß. Infolgedessen würde der Zeitpunkt der Aufwendungen und der Leistungsverrechnung allzuweit auseinanderfallen und es entstünde so ein undeutliches Bild. Schmalenbach und verschiedene andere Autoren sehen den Rechnungsausgangstag als den günstigsten Termin für die Leistungserfassung an.

Sollten die Leistungen bei besonderer Anfertigung auf Bestellung in gleicher Weise verrechnet werden wie bei Herstellung auf Lager? Bei Lieferung auf vorherige Bestellung geht die Leistung, sobald sie vollendet ist, sofort aus dem Betrieb aus und der Ertrag läßt sich ohne weiteres feststellen. Der beste Zeitpunkt der Leistungsverrechnung ist hier ohne Zweifel der Rechnungsausgang; denn die Rechnung folgt unmittelbar dem Leistungsausgang nach, und der Rechnungsbetrag verkörpert den Wert der Leistung, aber nur den voraussichtlichen Ertrag. Bei Produktion auf Lager mag es bedenklich erscheinen, den Ausgang der Ware vom Lager abzuwarten. Bei einem Handelsunternehmen ist stets mit einer längeren Lagerdauer der Waren zu rechnen. Es wird auch hier der Rechnungsausgang als der geeignetste Zeitpunkt der Leistungserfassung gelten, der zugleich die Realisierung des in der Leistung enthaltenen Erfolges bedeutet. Solange die Ware auf Lager liegt, wird sie zu einem Wert verrechnet, der niedriger als der Verkaufspreis ist. Der Wert, der gleich der Summe der gemachten Aufwendungen ist, wäre hier der beste Bewertungsmaßstab.

Es ist sogar schon die Forderung erhoben worden, die Leistungen erst dann zu verrechnen, wenn der Gegenwert in Form von Einnahmen dem Unternehmen zugeflossen ist, und diesen Beträgen am Ende des Monats die aus verschiedenen Monaten stammenden Aufwendungen, soweit sie auf diese Leistungen entfallen, gegenüberzustellen. So bekämen wir eine genaue Rechnung; denn der Betrag läßt sich hier einwandfrei feststellen; aber es wäre keine kurzfristige Erfolgsrechnung mehr, sondern lediglich eine Nachkalkulation. Wir müssen die Leistungen in dem Monat erfassen, in dem sie entstanden sind, ebenso wie wir die Aufwendungen dem Monat zur Last schreiben, in dem sie gemacht worden sind.

Wir haben uns noch mit der Verbuchung der Leistungen und Erträgnisse in der Buchhaltung zu beschäftigen. Wir können eine Leistung nur erfassen, sofern sie sich in einer Belastung auf Waren- oder Debitorenkonto verkörpert. Die Summe der Rechnungsbeträge macht den Umsatz einer Zeitperiode aus. Freilich ist diese Zahl nicht einfach gleich der Summe der Erträgnisse; Rücksendungen oder andere Abzüge sind zu berücksichtigen. Bei Verrechnung der Leistung am Tage des Rechnungsausgangs ist mit der Gefahr zu rechnen, daß Abzüge oder Rücksendungen gemacht werden, wie oben erwähnt. Daher hat es sich in der Praxis als brauchbar erwiesen, für solche Posten ein eigenes Erfolgskonto einzurichten und die Summe dieses Kontos den Gesamtbelastungen auf Warenkonto am Ende jeder Rechnungsperiode gegenüberzustellen.

513. Methoden der Aufwandserfassung.

5131. Nach der Menge.

Die negative Komponente des Erfolges bildet der Aufwand. Die genaue Erfassung der Aufwendungen bereitet viele Schwierigkeiten, die wir hier beleuchten wollen. Wir wollen nicht nach dem Beispiel Fischers die Aufwendungen einzeln untersuchen und prüfen, wie sie sich zeitlich aufteilen lassen, sondern unser Ziel ist, im allgemeinen die Methoden darzustellen, die für die kurzfristige Erfolgsrechnung bei der Aufwandserfassung in Anwendung gebracht werden können.

Der sicherste Weg für die Ermittlung des Aufwandes wäre eine Nachkalkulation, die wirklich die Ist-Aufwandsziffern liefert im Gegensatz zu den Soll-Aufwandsziffern der Vorkalkulation. Eine Schwierigkeit besteht jedoch darin, daß die Nachkalkulation die Aufwendungen auf die Leistungseinheit bringt, während wir doch für die kurzfristige Erfolgsrechnung eine Aufteilung auf die Zeit benötigen. Unter Umständen kann zwar die für eine Leistung notwendige Aufwandsperiode ganz in einen abgegrenzten Zeitraum fallen, aber die Regel wird das nicht sein. Da sich der Aufwand nur in seltenen Fällen direkt ermitteln läßt, müssen wir als Notbehelf die indirekten Methoden der Aufwandserfassung wählen. Zum großen Teil sind es die gleichen, die auch bei der Jahresschlußbilanz für die Mengenermittlung der Vorräte in Frage kommen. Die Bestandsermittlung dient zwei Zielen, einmal der Feststellung der tatsächlich vorhandenen Vorräte, dann aber auch zugleich der indirekten Bestimmung des Aufwandes. In diesem Zusammenhang haben wir uns mehr mit dem letzteren Zweck zu befassen.

a) Rückrechnung.

Eine sehr brauchbare Methode, deren Anwendbarkeit jedoch beschränkt ist, ist die Rückrechnung oder retograde Rechnung, wie sie von Schmalenbach genannt wird. Sie lehnt sich eng an die Kalkulation an; denn sie benützt die Zahlen der Selbstkostenrechnung und errechnet mit deren Hilfe den wahrscheinlichen Aufwand, weshalb sie auch als Soll-Aufwandsrechnung bezeichnet wird. Den Ausgangspunkt für diese Rückrechnung bildet die Produktionsmenge eines Monats oder auch der Monatsumsatz. An Hand einer Nachkalkulation läßt sich genau feststellen, welche Aufwendungen an Materialien, Löhnen und Unkosten für ein Produkt erforderlich sind. Nehmen wir an für 100 m² Kattun einer bestimmten Qualität betragen die Aufwendungen an Baumwolle, Spinnlohn, Weblohn, einschließlich der direkt erfaßbaren kleinen

Unkosten RM. 25. Es wird die ganze Produktionsmenge auf diesen Normalsatz umgerechnet und das Endresultat mit dem Preis von RM. 25 pro 100 m² multipliziert. So erhalten wir die Soll-Aufwendungen für diese Produktionsmenge. Daß es sich nicht um die wirklichen Aufwendungen handeln kann, wird deutlich, wenn man bedenkt, daß aus irgendeinem Grunde ein Mehraufwand gegenüber den normalen Verhältnissen eingetreten sein kann. Schon dieses einfache Beispiel zeigt, daß die Handhabung dieser Rückrechnung nicht so leicht ist. Die Produktionsmenge eines gewissen Zeitraums läßt sich auf Fabrikationskonto oder auch aus Erzeugungsstatistiken feststellen; wählt man dagegen den Umsatz als Grundlage, so ist diese Zahl dem Verkaufskonto zu entnehmen. Ein wesentliches Erfordernis für diese Rechnung ist es, daß die Zahlen der Selbstkostenrechnung unbedingt verlässig sind. Auch die Kehrseite der Rückrechnung soll nicht unerwähnt bleiben. Ein Betrieb, der die verschiedensten Produkte herstellt, etwa eine Kleineisenwarenfabrik, wird sich schwer tun, die Produktionsmenge genau zu ermitteln und die Selbstkosten für die tausenderlei Artikel getrennt zu erfassen. Leicht anwendbar ist diese Sollaufwandsrechnung bei Serien- und Massenfabrikation, wie sie z. B. in der Automobilindustrie heute üblich ist.

Um eine Art von Rückrechnung handelt es sich auch bei der Aufteilung der Löhne auf Zeitperioden. Es mag sonderbar erscheinen, daß die direkten Löhne, die doch zeitbedingt sind, trotzdem erst auf die Perioden aufgeteilt werden müssen. Das kommt daher, daß die Lohnzahlungsperioden nicht mit den Perioden der kurzfristigen Erfolgsrechnung zusammenfallen. In den meisten Fällen wird der Lohn wöchentlich ausbezahlt. So ergibt sich am Ende fast jeden Monats eine Differenz. Noch größere Schwierigkeiten tauchen auf, wenn wir die Lohnentstehungsperioden zugrunde legen, statt der sonst üblichen Lohnzahlungsperioden. Wir wollen die Lohnzahlungsperiode zur Basis wählen, weil sie mit der Buchhaltung übereinstimmt und daher leicht zu erfassen ist. Sehr einfach ließe sich die Frage dadurch lösen, daß, wie seither schon die Gehälter monatlich ausbezahlt werden, so an die Stelle des Wochenlohnes der Monatslohn treten soll. Durchführbar wäre dieser Vorschlag; es würden z. B. am 10. und 20. jeden Monats dem Arbeiter ein Vorschuß in der Höhe des dritten Teiles des ungefähren Monatslohnes ausbezahlt und am Monatsletzten der genaue Restbetrag vergütet. Mit dieser neuen Methode würde die Praxis wohl auf heftigen Widerstand bei den Arbeitern stoßen, die ihre ganze Lebensweise auf den althergebrachten Wochenlohn eingestellt haben. Die Praxis hilft sich meistens so, daß sie die Spitzenbeträge, die über die vier Wochen hinausgehen, auf die Zeit verrechnet. Am 2. Juli, sagen wir, werden RM. 1200 für die Lohnwoche vom 27. Juni bis 2. Juli ausbezahlt. Davon gehören aber vier Sechstel für die Tage vom 27. bis 30. Juni noch in den vorhergehenden Monat. Also wird der Juni mit RM. 800, der Juli nur mit dem Rest belastet. Diese Abrechnung kann erst vorgenommen werden, wenn die Lohnzahlungsperiode zu Ende ist, und die wirkliche Lohnhöhe festgestellt werden kann. Freilich erfährt dadurch die Aufstellung der kurzfristigen Erfolgsrechnung eine kleine Verzögerung; aber lieber wird man dieses kleinere Übel in Kauf nehmen, als sich auf Grund von Schätzungen auf einen unsicheren Betrag einlassen.

b) Inventuraufnahme.

Die gebräuchlichste und genaueste Methode der Mengenermittlung ist die körperliche Inventur, die bei den Abschlußarbeiten anläßlich der Jahresschlußbilanz fast ausschließlich angewendet wird. § 39 Abs. 3 HGB. gestattet dem Kaufmann nur alle zwei Jahre eine Inventur aufzumachen, wenn er ein Warenlager hat, „bei dem nach der Beschaffenheit des Geschäfts die Aufnahme des Inventars nicht füglich in jedem Jahr geschehen kann". Für die Aktiengesellschaften gilt diese Vergünstigung nicht. So muß also für den Jahresschluß mit Ausnahme der angeführten Vorschrift eine Inventur stattfinden. Bei der kurzfristigen Erfolgsrechnung ist die Bestandsermittlung nur ein Mittel zum Zweck. Da wir lediglich eine Aufwands- und Ertragsrechnung aufmachen wollen, interessieren die wirklichen Bestände nicht, sondern nur die Aufwendungen der abgelaufenen Periode. Um aus den Beständen den Aufwand errechnen zu können, haben wir folgende Überlegung anzustellen: Anfangsbestand + Zugänge ·/. Endbestand = Aufwand. Aus den Vorräten, die durch Inventur aufgenommen worden sind, und den Ausgaben, die als Gegenwerte für die Zugänge aufs Warenlager anzusehen sind, rechnen wir zurück auf den diesen Rechnungsabschnitt belastenden Aufwand. Daher spricht Schmalenbach von einer Feststellung des Aufwandes „a posteriori". Voraussetzung für diese Art von Rechnungen ist, daß die Gegenstände meßbar oder zählbar sind. Mit welchen Maßen sie erfaßt werden können, spielt keine Rolle. Denn durch die nachfolgende Bewertung werden sie alle auf einen gleichen Nenner, eben die Geldform, gebracht, so daß sie addiert werden können.

Die Inventuraufnahme beansprucht in den allermeisten Betrieben eine ziemlich lange Zeit; deshalb sind schon verschiedene Versuche gemacht worden, die auf eine Erleichterung der Inventuraufnahmearbeiten abzielen. Zweifellos bedeutet es eine große Vereinfachung, wenn die Waren im Lager zweckentsprechend gelagert sind. Gerade in dieser Hinsicht sind gewaltige Fortschritte zu verzeichnen. Die Gegenstände werden nach Gruppen geschieden und diese wieder in einer bestimmten Weise gelagert, z. B. in Regalen und Fächern, deren Inhalt leicht übersehbar oder bekannt ist, ohne daß er erst nachgezählt werden braucht. Auf solche Weise kann viel Zeit gespart werden, die ein Zählen verursachen würde. So berichtet Boettcher[1]), daß sich bei der Robert-Bosch-A.G. in Stuttgart die Inventuraufnahme reibungslos in einem halben Tag abwickeln läßt. Welcher Betriebsleiter wünschte sich nicht auch einen so idealen Zustand für seinen Betrieb! Auf Grund einer bis ins kleinste gehenden Organisation ist dies möglich, aber mit der mengenmäßigen Warenaufnahme allein ist die Inventur nicht fertig. Zunächst sind eine Reihe von Vorarbeiten zu erledigen: dem Personal sind die genauen Inventurvorschriften auf Grund eines genau ausgearbeiteten Planes zu geben; jedem Arbeiter wird ein bestimmtes Lager angewiesen; die Inventurkarten müssen je nach dem aufzunehmenden Gegenstand in verschiedenen Farben bereitgestellt werden. Nach der wirklichen Aufnahme müssen die Karten gesammelt und geprüft werden. Dann schließt sich die Bewertung und die Zusammenstellung des gesamten Inventurergebnisses an. Werden alle Arbeiter und Angestellte zur Bestandsaufnahme mit herangezogen, so muß der Betrieb während dieser Zeit ganz stillstehen.

Schwierigkeiten bereiten solche Gegenstände, die dem Gebrauch und nicht dem Verbrauch dienen, wie etwa die Maschinen, die untrennbar als wesentliche Bestandteile mit dem Betrieb verbunden sind.

Wollte man bei jeder Inventuraufnahme den mengenmäßigen Bestand der Gebrauchsgegenstände ermitteln, so wäre das eine fruchtlose Arbeit. Denn hier spielt der mengenmäßige Verbrauch keine Rolle; maßgebend ist allein die Wertminderung. Für diese Gebrauchsgegenstände muß der Aufwand und Bestand auf eine andere Art ermittelt werden, die wir im folgenden Abschnitt behandeln werden. Für die Verbrauchsgegenstände aber wird in der Regel die Inventur zur sichersten und genauesten Ermittlung führen.

In jedem Unternehmen findet sich eine Anzahl von Vermögensteilen, die keine greifbare Gestalt annehmen, aber trotzdem auf Vermögen und Erfolg einwirken. Darunter fallen die sog. immateriellen Werte, die wir besser als Rechte bezeichnen wollen. Dazu sind zu zählen ein günstiger Standort, eine gute treue Kundschaft, der Firmenwert, Monopole u. ä. In solchen Fällen bietet eine subjektive Schätzung die einzige Möglichkeit, wenn der Unternehmer überhaupt ein Verlangen hat, ihren Wert zu ermitteln.

Für den Jahresschluß ist eine Inventuraufnahme gesetzlich vorgeschrieben; soll auch eine zwischenzeitliche Erfolgsrechnung eine körperliche Inventur zur Basis wählen? Durch die Aufstellung der Jahresabschlußbilanz weiß jeder Unternehmer, welche Mehrarbeit eine Inventuraufnahme mit sich bringt. Unter Umständen wird er diese Arbeit scheuen und lieber auf eine kurzfristige Erfolgsrechnung überhaupt oder doch wenigstens auf ihre Genauigkeit verzichten. Bei wirklich richtiger

[1]) Boettcher W., Inventur, Betriebswirtschaft. Rundschau, 2. Jahrg. 1925, S. 16.

Aufnahme der Bestände übertrifft eine Befundrechnung alle Arten der Bestandsermittlung an Genauigkeit. Manche Bestände werden täglich festgestellt, wie z. B. die Bargeldbestände der Kasse, andere mindestens monatlich, wie die Wechsel- und Sortenbestände einer Bank und die monatlichen Kontokorrentauszüge, die über den Bestand an Schuldnern und Gläubigern Auskunft geben. Je mehr Bestände für die kurzfristige Erfolgsrechnung durch Inventar ermittelt werden, desto genauer können die Aufrechnungen ermittelt werden und damit wird das Ergebnis genauer. Für die einfache Buchführung bietet die Befundrechnung die einzige Möglichkeit, eine Erfolgsrechnung aufzumachen; dabei wird aber der Erfolg nur in einer Summe gewonnen, ohne daß die Quellen, aus denen er fließt, ersichtlich werden. Durch statistische Einrichtungen kann dem allerdings Rechnung getragen werden, indem man in einer Vorspalte die den Erfolg beeinflussenden Posten, wie Zinsen, Miete, Provisionen, Unkosten u. dgl., im Kassabuch und Warenbuch nochmals eigens aufführt. Auf solche Weise läßt sich auch der einfachen Buchführung eine Erfolgsrechnung in bescheidenem Maße angliedern.

Mit Rücksicht auf die Zeit und die Mehrarbeit werden im allgemeinen nicht alle Bestände durch Inventur aufgenommen werden können. Soweit es möglich ist, soll der Aufwand auf diesem Wege erfaßt werden; sonst aber muß man sich nach anderen Hilfsmitteln umsehen. Kalveram[1]) führt dazu aus: „Das besondere Problem der monatlichen Gewinnberechnung beruht darin, daß Ersatzmethoden für die zeitraubende und kostspielige Arbeit der Jahresinventur erforscht werden, die es ermöglichen, ohne umfassende Bestandsaufnahme und formellen Bücherabschluß das Ziel der Feststellung des Monatserfolges möglichst genau zu erreichen."

c) Lebensdauerschätzung.

Als erste dieser Ersatzmethoden kommt die Lebensdauerschätzung in Betracht. Sie baut auf der Formel auf: Anfangsbestand + Zugänge ·/. Aufwand = Endbestand. Es möchte fast scheinen, als hätten wir es hier mit einer direkten Aufwandserfassung zu tun; denn nach der Formel wird mit Hilfe des Aufwands der Endbestand ermittelt. Der Aufwand wird aber nicht tatsächlich erfaßt, sondern im voraus errechnet auf Grund folgender Überlegung: Wird eine Maschine gekauft, deren Lebensdauer auf 10 Jahre angeschlagen wird, so wird die dafür gemachte Ausgabe auf die Zeit der Lebensdauer mit Hilfe von Abschreibungen verteilt. Die Abschreibung bildet also hier die Aufwandsquote. Die Grundlage für die Lebensdauerschätzung bildet eine Inventurkartei, in der alle Gebrauchsvermögensteile, ihre Lebensdauer und der errechnete Abschreibungssatz genau aufgeführt sind. In dem Zeit-

[1]) Kalveram, Kurzfristige Erfolgsrechnung S. 515.

punkt, in dem die Maschine in den Betrieb eingeht, erscheint der ganze dafür bezahlte Betrag als Ausgabe. In den folgenden Jahren verzeichnet die Bilanz immer nur den Teil, der noch nicht Aufwand geworden ist. Die Aufgabe der Abschreibung besteht darin, die Ausgabe, die für einen Gegenstand gemacht worden ist, als Aufwand auf die Zeit der Lebensdauer zu verteilen. Nur selten wird die tatsächliche Wertminderung durch die Abschreibungen erfaßt; le Coutre spricht in solchen Fällen von technischen Abschreibungen. Mit der Frage der Abschreibungen hat sich eine große Zahl von Autoren beschäftigt, ohne daß bis heute eine eindeutige Lösung erreicht worden wäre. Hier kann es nicht unsere Aufgabe sein zu untersuchen, ob die Abschreibungen vom Anschaffungswert oder vom jeweiligen Buchwert zu machen sind oder ob gar, wie Schmidt vorschlägt, am Ende einer jeden Rechnungsperiode eine Neubewertung vorgenommen und danach die Abschreibungsquote von Fall zu Fall errechnet werden soll. Wichtig ist es für uns, daß die Lebensdauer des Gebrauchsgegenstandes möglichst genau auf Grund von Erfahrungen geschätzt werden kann, denn es beeinflußt die Erfolgsrechnung sehr ungünstig, wenn ein Gegenstand schon nach 8 Jahren Schrottwert hat, während mit einer 10jährigen Lebensdauer gerechnet und die Abschreibungsquote danach festgesetzt worden war. Um solche Möglichkeiten in ihrer Wirkung einzudämmen, ist man dazu übergegangen, in fallenden oder steigenden Quoten abzuschreiben. Vom Standpunkt einer genauen Erfolgsrechnung ist eine solche Art der Abschreibung zu verwerfen; denn sie trägt Schwankungen in die Rechnung hinein, die bei einer Abschreibung in gleichen Quoten vom Anschaffungswert vermieden werden können. Freilich wird die Wertminderung nicht in jedem Jahr gleich groß sein, wie bei einer Abschreibung in gleichen Quoten unterstellt wird. Wenn aber schon eine Schätzung, die immer den Charakter einer Ungenauigkeit an sich trägt, zugrunde gelegt wird, so wird man auch diesen Fehler, der sich in der Erfolgsrechnung gar nicht auswirkt, übersehen können. Als Regel wird daher vom Standpunkt der Erfolgsrechnung aus gesehen, die Abschreibung in gleichen Quoten vom Anschaffungswert gelten, weil so jeder Abschnitt mit demselben Betrag als Aufwand belastet wird. Bei besonders starker Inanspruchnahme kann immer noch die Möglichkeit geboten sein, eine Extraabschreibung vorzunehmen. Eine gewisse Abhängigkeit zwischen Abnutzung und Inanspruchnahme läßt sich nicht leugnen, und so muß man die Extraabschreibungen als letztes Mittel ansehen, können doch einer größeren Produktionsmenge auch höhere Aufwendungen für Abschreibungen gegenübergestellt werden.

Seither haben wir die Abschreibungen behandelt, wie sie für die Jahresschlußbilanz in Frage kommen. Sollen für die kurzfristige Erfolgsrechnung die gleichen Grundsätze angewendet werden? Auch hier wird es keine andere Möglichkeit geben, als die Abschreibungssumme pro rata temporis aufzuteilen. Wir müssen demnach die Jahresabschreibungsquote nochmals in 12 Teile entsprechend den 12 Monaten zerlegen und diesen Betrag jedem einzelnen Monat zur Last schreiben. Bei dieser Aufteilung auf die einzelnen Monate entstehen Zweifel, ob es nicht besser wäre, auf die Betriebstätigkeit Rücksicht zu nehmen, anstatt jede Periode mit der gleichen Quote zu belasten. Darin äußert sich ein Unterschied zwischen Jahresschlußbilanz und Monatsrechnungen. Ob sich ein Jahr günstig oder ungünstig gestalten wird, das läßt sich bei Beginn desselben noch nicht übersehen. Bei den 12 Monaten des Jahres kann es eher möglich sein. Das trifft besonders für Saisongeschäfte zu. Auf Grund langjähriger Erfahrungen weiß der Unternehmer ziemlich sicher, in welchem Monat er „Hochbetrieb" haben wird und in welchem er mit verkürzter Arbeitszeit arbeiten oder sogar den Betrieb ganz stilllegen muß. Man denke etwa an das Baugewerbe, das die Abschreibungen auf die Maschinen doch nur den Monaten zurechnen wird, in denen sie auch tatsächlich verwendet worden sind. Daher ist es begreiflich, wenn die einzelnen Monate je nach der voraussichtlichen Produktionstätigkeit mit verschiedenen Beträgen belastet werden. Die feste Größe bildet die vorausbestimmte Höhe der Jahresabschreibung. Sie kann anstatt zur Zeit zum Umsatz oder zu einer sonstigen Vergleichsgröße in Beziehung gebracht werden. Ein solches Abschreibungsverfahren bringt gewiß weniger Schwankungen in die kurzfristigen Erfolgsrechnungen, als man dem Monat mit ganz geringer Beschäftigung die gleiche Summe für Abnutzung der Anlagegegenstände als Aufwand zurechnet wie dem Monat normaler Beschäftigung. Betriebe, die das ganze Jahr über ziemlich gleichmäßig beschäftigt sind, werden am besten an der Abschreibung in gleichen Quoten pro Monat festhalten; für Saisonbetriebe halten wir die ungleiche Verteilung der jährlichen Abschreibungsquote für geeigneter, da sie eine richtigere Aufwandsrechnung ermöglichen.

Auch die buchtechnische Seite der Abschreibung haben wir noch zu untersuchen. Es ist zu erwägen, welchem Verfahren der Vorzug zu geben ist, der direkten oder der indirekten Verbuchung der einzelnen Quoten. Bei der ersten Art wird der abzuschreibende Betrag am Ende einer Rechnungsperiode vom Buchwert der vorhergehenden Bilanz abgezogen; also muß am Schluß der geschätzten Lebensdauer der Schrottwert als Aktivum übrigbleiben. In Wirklichkeit tritt dieser Fall ganz selten ein, eben dann, wenn kein Fehler in der Lebensdauerschätzung vorgekommen ist und wenn für jeden Gegenstand eine eigene Karte geführt wird. In der Praxis werden zumeist auf einem Konto auch die Zu- und Abgänge mit verbucht, so daß die genaue Hervorhebung eines Gegenstandes nicht mehr möglich ist. Die indirekte Methode besteht darin, daß man den dafür vorausgabten Betrag als Aktivum in seiner ganzen Höhe stehen läßt und auf der rechten Seite ein Wertberichtigungskonto einführt, auf dem die Abschreibungsquoten gesammelt werden. Am Ende der geschätzten Lebensdauer müssen sich die beiden Beträge theoretisch ausgleichen. Da aber nicht für jeden Vermögensteil ein eigenes Konto und Wertberichtigungskonto geführt werden kann, wird dieser krasse Fall selten eintreten. Auf die Erfolgsrechnung ist es ohne Einfluß, welche der beiden Methoden zur Anwendung gelangt, da dadurch das Wesen der Abschreibung nicht berührt wird. Bei der Jahresrechnung sind beide Arten in Gebrauch. Für die kurzfristige Erfolgsrechnung kann nur der zweite Weg in Betracht kommen. Die jeweilige Abschreibungsquote erscheint in der monatlichen Aufwands- und Ertragsrechnung als Aufwandsposten, und ein Wertberichtigungskonto sammelt alle diese Beträge das ganze Jahr über. Hier muß sich am Ende des Jahres die von vornherein festgesetzte Abschreibungssumme ergeben.

d) Mittels der Buchhaltung.

Bei der Lebensdauerschätzung haben wir schon die Buchhaltung als Hilfsmittel für die Aufwandsrechnung verwendet; jetzt wollen wir untersuchen, inwiefern die Buchhaltung der Bestands- und damit der Aufwandsermittlung dienen kann. Bei der Jahresschlußbilanz kontrolliert die Buchhaltung die Richtigkeit der Inventuraufnahme. Angesichts der Mehrarbeit, die eine Inventur erfordert, taucht die Frage auf, ob man nicht den umgekehrten Weg einschlagen und die Buchhaltung als Grundlage der Bestandsermittlung wählen könnte. Praktisch ist es ganz unmöglich, die Buchhaltung so auszubauen, daß sie in jedem Augenblick den genauen Bestand eines Lagers anzeigt, der mit dem tatsächlichen Bestand übereinstimmt. Dagegen läßt es sich durchführen, das Kontrollsystem so einzurichten, daß eine ziemlich rasche Orientierung ermöglicht wird. Auf diese Weise sind auch die mannigfaltigen Versuche zu erklären, die sich mit Kontenplänen befassen. Erinnert sei vor allem an Schmalenbachs „Kontenrahmen", der eine eingehende Untersuchung der Kontensystematik gibt, wobei den Aufwendungen und Leistungen besonderes Augenmerk geschenkt wird.

Soll mittels der Buchhaltung eine Bestands- und Aufwandsermittlung durchgeführt werden, so sollen möglichst wenig neue Einrichtungen getroffen, vielmehr die vorhandenen Bücher und Konten dem neuen Zweck dienstbar gemacht werden. Bei der Errechnung des Aufwandes durch die Buchhaltung handelt es sich um eine Bewegungsrechnung. Den Ausgangspunkt bildet der Anfangsbestand, dazu kommen alle Zugänge auf Grund der Lieferantenrechnungen oder sonstiger Belege, abgezogen werden die Abzüge an Hand von Belegen. So müßte theoretisch der buchmäßige Bestand mit dem Lagerbestand übereinstimmen. Grull nennt diese laufende Aufzeichnung der Zu- und Abgänge „ständige Inventur". Es kann sich natürlich nur um die Sollbestände handeln.

Bei dieser Art der Aufwandsermittlung ist besonders darauf zu achten, daß für jede Entnahme vom Lager und für jeden Eingang auf das Lager ein Beleg ausgefertigt wird und daß diese Belege, wenn auch nicht täglich, so doch wöchentlich oder doch zum mindesten monatlich auf den Bestandskosten verbucht werden. Der Posten des Materialverwalters gewinnt so an Bedeutung; denn je gewissenhafter er seine Pflicht erfüllt, desto genauer wird das Ergebnis der monatlichen Erfolgsrechnung.

Zumeist stehen der Bestandsermittlung auf den Hauptbuchkonten Schwierigkeiten entgegen, sofern nämlich Bestandserfolgskonten in der Buchführung geführt werden. Soll die Bestandsmittlung durch die Buchhaltung ermöglicht werden, so ist die Voraussetzung dafür, daß diese Bestandserfolgskonten verschwinden und in reine Bestands- und reine Erfolgskonten aufgelöst werden. Auch ein anderer Weg führt noch zum selben Ziel. Es werden auf Skontren und Lagerbüchern eigene Mengenverrechnungen für Vorräte geführt.

a) Auf Hauptbuchkonten.

Sind in einer Buchhaltung, wie es meistens der Fall ist, Bestandserfolgskonten enthalten, so ergibt die Rohbilanz kein klares Bild über die einzelnen Vermögens- und Erfolgsteile. Die Salden dieser Bestandserfolgskonten sind eine Mischung von Bestand und Erfolg und geben uns infolgedessen keine richtige Vorstellung. Entweder sind es um Gewinne verkürzte oder um Verlust vermehrte Bestände. Viele Vorschläge sind schon gemacht worden, die auf eine Zerlegung in reine Bestands- und reine Erfolgskonten abzielen. Freilich soll man den Wert einer solchen Zergliederung nicht überschätzen; denn selbst im bestgeordneten Rechnungswesen läßt sich die Buchhaltung nicht so genau auf dem laufenden halten, daß die Sollbestände laut Konto mit den Istbeständen auf dem Lager übereinstimmen. Schaer geht wohl etwas zu weit, wenn er in der Zerlegung der gemischten Konten geradezu „den besten Weg zur vollkommenen Buchhaltung sieht“[1]). Als Anhänger der personalistischen Kontentheorie veranschaulicht er auch diese Zerlegung, indem er Personen als Verwalter dieser Konten wählt. Er spricht von einem Warengeschäft mit zwei Magazinen, von denen jedes einem Verwalter untersteht. Das eine enthält nur Wareneingänge und Vorräte; das andere dient der „Spedition“. Im ersten Lager wird alles zum Einstandspreis verbucht, im zweiten tritt erst der Erfolg zutage. Gäbe es nur Wareneingänge und Verkäufe, dann wäre diese Aufteilung sehr einfach; die störenden Posten sind Rücksendungen, Abzüge, Transport- und Verpackungskosten. Schaer nennt eine solche Buchhaltung mit zerlegten Konten eine „permanente Zwischenbilanz“. Permanent soll besagen, daß sich jederzeit aus den Angaben der Buchhaltung eine Zwischen-

---

[1]) Schaer, Buchhaltung und Bilanz S. 277.

bilanz (im Sinne von Bilanz und Gewinn- und Verlustrechnung) aufmachen läßt. Die Forderung nach einer permanenten Zwischenbilanz ist unseres Erachtens nicht durchführbar, weil sich die vielen Mengenveränderungen, wie Schwund, Verderb und sonstige Zerstörungen, die oft in ganz kleine Umfang, aber stetig wirken, nicht täglich erfassen lassen. Am Ende des Monats werden diese kleinen Differenzen ungefähr ermittelt, indem man auf Grund langjähriger Praxis die erfahrungsgemäß durch Schwund und Verderb verlorene Menge in Abzug bringt. Schwieriger ist die Erfassung von Veruntreuungen und Diebstählen, die in vielen Fällen unentdeckt bleiben bis zur nächsten körperlichen Inventuraufnahme.

Oben schon haben wir unsere Ausführungen auf Industrie- und Handelsunternehmungen beschränkt. Wir wollen jetzt sehen, welche Bestandserfolgskonten in diesen Unternehmungen zu finden sind. Im Handelsbetrieb ist es vornehmlich das Warenkonto, im Industriebetrieb das Fabrikationskonto und die sämtlichen Aufwandskonten (Material-, Hilfsstoff-, Lohnkonto). Es sind gerade die Konten, auf denen die Hauptquellen des Erfolgs in den betreffenden Unternehmungen verbucht werden.

Das Warenkonto in der Form des Bestandserfolgskontos verbucht die Eingänge zum Eingangspreis, die Ausgänge zum Verkaufspreis. Aus dem Saldo, der Bestand und Erfolg enthält, kann nicht ohne weiteres ersehen werden, wie groß der Bestand und wie groß der Erfolg ist. Zwei Grenzfälle sind möglich: Ist der Bestand ganz aufgezehrt, dann bildet der Saldo den Erfolg oder aber, wenn kein Erfolg erzielt worden ist, bedeutet der Saldo den Bestand in Wert ausgedrückt. Diese Überlegungen haben zur Einführung des Verrechnungspreises geführt, der es erlaubt, die Wertrechnung in den Dienst der Bestandsermittlung zu stellen. Bei der Buchinventur wird die Menge mit Hilfe des Wertes ermittelt im Gegensatz zur körperlichen Inventur, bei der die Mengen zuerst aufgenommen und dann durch den Wert vergleichbar gemacht werden. Wir müssen das Warenkonto so zerlegen, daß wir ein Bestands- und ein Erfolgskonto erhalten. Das Wareneinkaufskonto soll reines Bestandskonto sein; also müssen sämtliche Eingänge und Ausgänge darauf zum gleichen Preis erfolgen. Dann ergibt die Differenz den Bestand. Auf dem Warenverkaufskonto gehen die Waren zu dem Preis ein, zu dem sie vom Wareneingangskonto ausgehen; sie stehen auf der Ausgangsseite aber zum Verkaufspreis. Folglich muß der Saldo den Erfolg anzeigen.

Waren-Einkaufskonto.		Waren-Verkaufskonto.	
Eingang zum Einkaufspreis	Ausgang zum Einkaufspreis → Saldo: Bestand	Eingang zum Einkaufspreis Saldo: Erfolg	Ausgang zum Verkaufspreis

Diese Darstellung gibt nur ein schematisches Bild, da alle anderen Posten, wie Rücksendungen, Abzüge, Abschreibungen für Mengenverluste u. ä., nicht eingerechnet sind. Bei konstanten Einkaufspreisen wäre diese Art der Bestandsrechnung sehr gut; aber die Einkaufspreise verändern sich stetig. Einige Autoren haben den Vorschlag gemacht, die einzelnen Waren zum tatsächlichen Einkaufspreis zu behandeln. Ändert sich der Preis, so verbucht man die alten Bestände zum alten Preis, für die neu hereinkommende Ware gilt der neue Einkaufspreis. Bei manchen Unternehmungen mag sich das durchführen lassen, etwa bei einer Fahrrad- und Nähmaschinenhandlung; denken wir aber an eine Kohlenhandlung, so haben wir ein augenfälliges Beispiel, das uns die Undurchführbarkeit einer derartigen Rechnung zeigt. Alle Kohlen werden in einem Lager auf einen Haufen geschüttet. Dann kann nicht festgestellt werden, welche Menge der alten und welche Mengen der neuen Sendung angehören. Jedenfalls sind die Fälle selten, in denen eine praktische Durchführung möglich ist. So wurde an Stelle des variablen Einkaufspreises der Verrechnungspreis eingeführt, der ein möglichst stabiles Wertmaß bilden soll. Auch hier ergeben sich wieder Schwierigkeiten bei der Frage, welcher Preis sich am besten eigne, als Verrechnungspreis benutzt zu werden. Die Praxis verwendet dazu den Einkaufspreis laut Lieferantenrechnung oder den Einstandspreis, der die Einkaufsspesen schon mitenthält, oder einen Preis, der als Durchschnitt aus mehreren Perioden errechnet worden ist; immer einen Preis, der den Gewinnaufschlag noch nicht mit einschließt. Diese Einführung des Verrechnungspreises hat zu einer Dreiteilung des Warenkontos geführt. In dem angeführten Beispiel, das Malteur, Die Zwischenbilanz .... S. 71, entnommen ist, soll der Einkaufspreis als Verrechnungspreis dienen.

Beispiel.

Waren-Einkaufskonto.

Anfangsbestand	Abzüge an Lieferantenrechnungen
Zugänge	Abschreibung für Schwund
Rücksendungen	Ausgang an Verkaufskonto
	Saldo: Bestand

Alles zum Einkaufspreis.

Waren-Verkaufskonto.

Verkäufe zum Einkaufspreis	Verkäufe zum Verkaufspreis
Verkaufskosten	in Rechnung gestellte Verpackungskosten
Abzüge der Kunden	Warenrücksendungen der Kunden z. Einkaufspreis
Rücksendung von Waren	

Saldo: Gewinn oder Verlust.

Einkaufskostenkonto.

Einkaufskosten	Verpackungsrücksendungen
	Erlös aus Verpackungsmaterial

Die Theoretiker sind noch weitergegangen und haben eine Aufteilung in vier Konten vorgenommen, in das Wareneinkaufskonto, das Einkaufskostenkonto, das Verkaufskostenkonto und das Warenverkaufskonto. Wenn man bedenkt, daß mit der Zerspaltung der Kosten der Umfang der Buchhaltung wächst und die Übersichtlichkeit darunter leidet, so wird man eine solche Aufteilung ablehnen müssen. Wenn eine Zerlegung in ein Wareneinkaufs- und ein Warenverkaufskonto richtig durchgeführt wird, so bilden diese beiden Konten sicher die für die kurzfristige Erfolgsrechnung benötigte Unterlage.

Schmalenbach schlägt für ein Handelsgeschäft folgenden Weg vor und zeigt zugleich, welchen Einfluß der Verrechnungspreis ausübt. Er schränkt aber seine Ausführungen ein, indem er sagt:[1]) „Unter bestimmten Voraussetzungen läßt sich das gemischte Warenkonto dadurch ersetzen, daß an seine Stelle zwei Warenkonten treten, von denen das eine Bestands-, das andere Erfolgskonto ist. Leider aber sind die Voraussetzungen nicht häufig gegeben."

Beispiel A.

Alles wird zum Einkaufspreis verrechnet.

Warenkonto I.

Anfangsbestand	Warenausgänge

Warenkonto II.

Wareneingänge z. Einkaufspreis	Warenausgänge z. Verkaufspreis
Erfolg	

Beispiel B.

Warenkonto I.

Anfangsbestand z. Einkaufspreis	Anfangsbestand z. Verkaufspreis
Wareneingänge z. Einkaufspreis	Warenausgänge z. Verkaufspreis
Bruttogewinn auf Endbestand	
Bruttogewinn auf verkaufte Waren	

Warenkonto II.

Anfangsbestand z. Verkaufspreis	Warenausgänge z. Verkaufspreis	
Wareneingänge z. Verkaufspreis	Brutto-gewinn auf End-bestand	Endbestand zum Verkaufspreis
	Endbestand zum Einkaufspreis	

Im Beispiel A wurde der Einkaufspreis als Verrechnungspreis gewählt, im Beispiel B der Verkaufspreis. Für die Praxis kommt nur die erste Methode (A) in Frage, weil sie viel weniger Buchungen erfordert wie die Methode B. Alle Eingänge und Ausgänge auf Warenkonto I (Bestandskonto) werden zum Einkaufspreis verbucht, so daß der Saldo den Be-

[1]) Schmalenbach, Z. f. h. F., 8. Jahrg., S. 540.

stand zum Einkaufspreis angibt. Das Warenkonto II (Erfolgskonto) empfängt die Waren zum Einkaufspreis und gibt sie zum Verkaufspreis ab; die Differenz bedeutet den Erfolg. Wesentlich umständlicher ist die Methode B. Hier wird das Warenkonto I als Erfolgskonto geführt; alle Waren gehen zum Einkaufspreis ein, zum Verkaufspreis aus. Auf Warenkonto II, dem Bestandskonto, stehen die Eingänge zum Verkaufspreis und alle tatsächlichen Verkäufe werden zum Verkaufspreis ausgebucht, so daß der Saldo den Endbestand zum Verkaufspreis angibt. Für die Erfolgsrechnung sind nicht getätigte Erfolge auszuschließen, infolgedessen müssen wir diesen Posten „Endbestand" in seine zwei Bestandteile auflösen, der eine enthält den wirklichen Endbestand zum Einkaufspreis, der andere den Bruttogewinn auf Endbestand. Demgemäß muß aus dem Saldo auf das Warenkonto I der realisierte Gewinn ausgeschieden werden, der für die Erfolgsrechnung in Frage kommt.

Die einfachere Art der Verbuchung bietet jedenfalls die erste Methode. Ferner ist noch zu bedenken, daß es sich bei den angegebenen Beispielen nur um schematische Darstellungen handelt. Sollten erst noch die vielen anderen Posten, die auf Warenkonto außer den reinen Warenbewegungen verbucht werden, berücksichtigt werden, so ergeben sich bei der Methode B eine Anzahl Umbuchungen. Aus diesem Grund wird die Praxis zumeist das Einkaufskonto als Bestandskonto und das Verkaufskonto als Erfolgskonto führen.

Dem Warenkonto des Handelsgeschäfts entspricht das Fabrikationskonto des Industriebetriebs. Die Bestandsermittlung wird im Produktionsbetrieb durch die Verschiedenartigkeit der Bestände erschwert. Außer den Fertigfabrikaten und Rohstoffen gibt es noch die Halbfabrikate. Da sie schon eine Bearbeitung erfahren haben, sind sie nicht mehr Rohstoffe, denn sie haben bereits eine Werterhöhung erreicht. Anderseits sind sie keine Fertigfabrikate, weil sie noch nicht tauschfähig sind. Oft werden allerdings auch Halbfabrikate auf dem Markt gehandelt. Bei den drei verschiedenen Arten von Beständen kann es nicht genügen, das Fabrikationskonto nur in ein Bestands- und ein Erfolgskonto zu zergliedern. Zahlreiche Versuche sind in dieser Hinsicht schon angestellt worden; wir wollen hier ein Beispiel von Walb[1]) darstellen. (Siehe S. 37.)

Dieses Kontensystem hat vor andern den Vorzug, daß ohne eine allzuweitgehende Zerlegung des Fabrikationskontos eine Bestandsermittlung ermöglicht wird. Die Aufteilung der linken Seite des Fabrikationskontos in Material-, Lohn- und Unkostenkonto ist im Interesse der Selbstkostenrechnung gemacht worden. Auf der linken Seite des Fabrikationskontos werden die wirklich aufgewendeten Materialien, Löhne und die direkt erfaßbaren Unkosten gesammelt, die zusammen die Herstellungskosten ergeben. Ebenso wichtig ist diese Zerlegung für

[1]) Walb, Erfolgsrechnung S. 197.

Materialkonto.

Anfangsbestand	An Fabrikationskonto
Zugang	Endbestand

Fabrikationskonto.

Material	Fertigfabrikate
Lohn	An Fertigfabrikatekonto
Unkosten	Bestand: Halbfabrikate

Lohnkonto.

Von Kasse	An Fabrikationskonto

Fertigfabrikatekonto.

Von Fabrikationskonto	An Verkaufskonto
	Bestand: Fertigfabrikate

Unkostenkonto.

Von Kasse	An Fabrikationskonto

Verkaufskonto.

Von Fertigfabrikatekonto	Verkäufe
Gewinn	

die kurzfristige Erfolgsrechnung, da hier die tatsächlichen Aufwendungen auf diese Weise erfaßt werden können. Für die Kontrolle der Jahreserfolgsrechnung ist diese Gliederung ebenfalls wertvoll, da sie die verschiedenen Bestände errechnet. Die Grundlage für diese Kontenteilung muß auch hier wie beim Warenkonto der Verrechnungspreis bilden, der die Produkte durch den ganzen Betrieb trägt. Nur auf dem Verkaufskonto gehen die Fertigfabrikate zum Verrechnungspreis ein und zum Verkaufspreis aus, so daß hier der Erfolg erscheint. Ist der Verrechnungspreis gleich dem Einkaufspreis, der sich aber während der ganzen Periode nicht verändert haben darf, dann ist der Erfolg reiner Umsatzerfolg. Andernfalls muß erst die Differenz zwischen dem Verrechnungspreis und dem tatsächlichen Preis gesucht werden. Diese Differenz läßt sich nicht allzuschwer eliminieren; so erhalten wir den Umsatzgewinn, den wir für die kurzfristige Erfolgsrechnung brauchen.

Wir haben diese Zerlegung für die Bestandserfolgskonten vorgenommen, um aus der Buchhaltung mit Hilfe der Bestände die Aufwendungen für die kurzfristige Erfolgsrechnung ohne Inventuraufnahme ermitteln zu können. Diese Bestandsermittlung auf den Hauptbuchkonten ist eine Wertrechnung, bei der der Verrechnungspreis die Grundlage bildet. Oben schon haben wir erwähnt, daß die Festsetzung des Verrechnungspreises ganz der Willkür des Unternehmers überlassen ist; eine Forderung nur muß er erfüllen, er muß möglichst konstant sein. Verschiedene Faktoren beeinflussen den Wert eines Bestandes. Menge, Güte und jeweilige Marktlage sind wohl die wichtigsten davon. Sind diese drei Faktoren unverändert geblieben seit dem Beginn der Rechnungsperiode, dann ergibt sich bei gleichbleibendem Verrechnungspreis keine Differenz zwischen der Buchinventur und den tatsächlichen Beständen. In der Praxis tritt dieser Fall kaum ein. Schlechte Verpackung und Elementarschäden verringern die Menge, schlechte Lagerung und zu lange Lagerdauer, Eindringen von Schädlingen und Nagetieren vermindert die Qualität; Angebot und Nachfrage wechseln und damit schwanken auch die Preise auf dem Markte. Alle diese Faktoren sind zu berücksichtigen, wenn die Bestände richtig ermittelt und die Zahlen für die Erfolgsrechnung brauchbar sein sollen. Am Ende einer Rechnungsperiode müßten also alle diese Veränderungen untersucht und verrechnet werden. Daraus erhellt, daß die Bestandsermittlung auf den Hauptbuchkonten viele Ungenauigkeiten und Schwierigkeiten mit sich bringt. Schon allein die Abweichung der Verrechnungspreise von den Marktpreisen ist nicht einwandfrei festzustellen und bringt eine Mehrbelastung an Arbeit mit sich, wenn sie allmonatlich rechnerisch erfaßt werden soll. Noch viel schwieriger ist es, die geringen Mengen- und Güteveränderungen zu ermitteln.

Über die Bestandsermittlung auf den Hauptbuchkonten können wir zusammenfassend folgendes anführen: Fast alle Konten, nicht allein das Waren- und Fabrikationskonto, das wir nur als typische Vertreter gewählt haben, müssen als Bestandserfolgskonten angesehen werden. Gesetzt den Fall, es wäre möglich, jedes Konto fein säuberlich in ein reines Bestands- und ein reines Erfolgskonto zu zerlegen, so würde die Buchhaltung einen gewaltigen Umfang annehmen. Die Hauptschwierigkeit aber liegt in der Frage des Verrechnungspreises. Sollen alle Abweichungen dieses Verrechnungspreises von der ihm zugrunde gelegten Basis, sei es Einkaufs-, Anschaffungs-, Herstellungs- oder irgendein Durchschnittswert, erfaßt werden, so erfordert das viel Buchungsarbeit. Und trotz dieser vielen Umbuchungen wird das Endergebnis ungenau bleiben. So hat man noch andere Wege gesucht, um die Bestände in der Buchhaltung ohne Zuhilfenahme des Verrechnungspreises ermitteln zu können.

β) Durch Skontration.

Die wertmäßige Ermittlung der Bestände und des Aufwandes hat nicht zum Ziele geführt; eine mengenmäßige Verrechnung der Waren ist aber auf den Hauptbuchkonten nicht möglich. Deshalb wurden Hilfsbücher eingeführt, Skontren und Lagerbücher, auf denen durch Fortschreiben eine Mengenverrechnung durchführbar ist. Eine Frage der Organisation ist es, zu untersuchen, ob Lagerbücher oder Lagerkarteien zweckmäßiger sind. Beide Systeme haben ihre Vorteile und Nachteile; zumeist aber werden heute in der Praxis Karten für die Mengenverrechnung verwendet. Eine solche Lagerkarte hat etwa folgendes Aussehen[1]).

[1]) Obst, Buch des Kaufmanns, II, S. 465.

Amerikanisches Harz.

Eingang. Ausgang.

Datum	Eingang von	Faßzahl	Brutto-Gewicht	Netto-Gewicht	Ausgang an	Datum
Okt. 15	M. u. Co., Hbg.	100	13 350	17 150		
20	B. I. C.	200	40 000	34 400		
		300	53 350	51 550		
		50	3 370	8 570	H. u. Co., Hbg.	Okt. 31
		250	49 980	42 980		

Ohne weiteres ist jederzeit aus der Lagerkarte der Vorrat zu ersehen, ja es läßt sich sogar der Aufwand direkt von der Kartei ablesen. Mengenverluste und Qualitätsverschlechterungen werden nur dann berücksichtigt, wenn sie vom Lagerverwalter erkannt und auf Grund eines Beleges vom Bestand abgeschrieben worden sind. Neben diesen reinen Mengenverrechnungen werden oft auch Karten geführt, die Mengen- und Wertrechnung verbinden. Bei der Mengenrechnung wird die Ware nur der Menge nach erfaßt; manchmal wird noch eine besondere Preisspalte angefügt, in die die Einkaufs- bzw. Verkaufspreise eingesetzt werden. Die übersichtlichste Art, die allerdings auch die meiste Arbeit erfordert, ist die Mengen- und Wertverrechnung, wovon das folgende Beispiel ein Bild geben soll[1]).

Amerikanisches Harz.

Eingang.

Datum	Eingang von	Fässer	Gewicht			Preis	Betrag
			Brutto	Tara	Netto		
Dez. 2	B. u. Co.	10	4000	240	3760	6,50	24 440,—
31	Gewinn	—					1 410,—
		10	4000	240	3760		25 850,—

Ausgang.

Datum	Ausgang an	Fässer	Gewicht			Preis	Betrag
			Brutto	Tara	Netto		
Dez. 16	B. v. B. K.	5	2000	120	1880	7,25	13 630,—
Dez. 31	Bestand	5	2000	120	1880	6,50	12 220,—
		10	4000	240	3760		25 850,—

[1]) Obst, Buch des Kaufmanns, II, S. 430.

Ferner hat uns die Frage zu beschäftigen, ob die Karten in Staffelform wie das erste Beispiel oder in Kontenform wie das zweite Beispiel geführt werden sollen. Zunächst hängt das ab von der Art des Betriebs und des Gegenstandes, für den die Skontration durchgeführt wird. Bei der Staffelform hat man stets den Saldo, es muß aber dafür bei jedem Ab- oder Zugang eine umfangreiche Buchung vorgenommen werden.

Daher ist es dann, wenn viele Ein- und Ausgänge stattfinden und damit viele Buchungen zu machen sind, die Kontenform zu bevorzugen, da sie Ersparnis an Arbeitszeit bedeutet. Um auch hier jederzeit rasch den Saldo feststellen zu können, ist es vorteilhaft, stets die beiden Seiten aufaddiert zu haben, so daß sich aus der Differenz leicht der Bestand errechnen läßt. Die äußere Form der Lagerkarte kann verschieden sein, stets aber muß ihr Inhalt den Anforderungen einer genauen Skontration entsprechen. Den Inhalt einer solchen Karte zeichnet Dr. Ganghofer in seiner Arbeit „Das Lochkartensystem ...." (S. 38) folgendermaßen: „Das Karteiblatt enthält den Bestand nach Menge und Preis, den Einheitspreis, Datum und Lieferfirma, Eingang und Ausgang nach Menge und Preis und die Spalten für Verwendungszwecke und für die statistischen Angaben."

e) Durch Schätzung.

Eine ganz ungenaue Art der Bestands- und Aufwandsermittlung ist die Schätzung. Diese rohe Schätzung, im Gegensatz zur Lebensdauerschätzung bei Gebrauchsgegenständen, soll nur ein Notbehelf in ganz schwierigen Fällen sein. Für eine Erfolgsrechnung, die möglichst schnell aufgemacht werden soll, um ein ungefähres Bild von der Entwicklung des Unternehmens zu erhalten, ist die rohe Schätzung am Platze, sofern die Buchhaltung nicht so organisiert ist, daß sie eine Bestandsermittlung möglich macht. Ein höherer Grad von Genauigkeit kann dadurch erzielt werden, daß Sachverständige beigezogen werden, die geübt sind in der Schätzung von Beständen. Rechnungen und Materialzettel können als Unterlage dienen, die Qualität wird durch Stichproben festgestellt. Auf solche Weise werden wenigstens die gröbsten Ungenauigkeiten beseitigt, aber trotz allem wird das Ergebnis ungenau bleiben und nur als Notbehelf anzusehen sein. Regelmäßige kurzfristige Erfolgsrechnungen dürfen auf keinen Fall auf Schätzungen basieren, wenn anders sie einen praktischen Wert für den Unternehmer haben sollen.

f) Zusammenfassung.

Eine Kernfrage der kurzfristigen Erfolgsrechnung ist, wie wir gesehen haben, die mengenmäßige Aufwandsermittlung, die wir auf dem Umweg über die Bestandsermittlung erreichen können. Eine Befundsrechnung würde wohl das genaueste Ergebnis liefern, aber infolge der hohen Kosten für Mehrarbeit kann ein Betrieb nicht jeden Monat eine vollständige Inventur vornehmen. Trotzdem aber müssen die Aufwendungen erfaßt werden, weil sonst eine einigermaßen genaue Erfolgsrechnung unmöglich ist. Die Bestände dürfen in keinem Fall der Grund für die Unterlassung der Aufstellung von kurzfristigen Erfolgsrechnungen sein. Durch organisatorische Maßnahmen muß man versuchen, an Stelle einer wirklichen Bestandsaufnahme auf irgendeinem anderen Weg die Bestände zu ermitteln und daraus die Aufwendungen eines entsprechenden Zeitraumes zu erreichen. Oben haben wir die verschiedenen Möglichkeiten der Bestands- und Aufwandsermittlung aufgezählt; es läßt sich keine Regel aufstellen, die für jeden einzelnen Gegenstand eine eigene Art der Ermittlung vorschreibt.

Von manchen Privatwirtschaftlern wird die Bestandserrechnung auf den Hauptbuchkonten mit Hilfe der Kontenzerlegung sehr gepriesen. Für kleinere Betriebe ist sie durchführbar, im allgemeinen möchten wir sie nicht zur Verwendung empfehlen wegen der Schwierigkeiten, die die Feststellung des Verrechnungspreises und seiner Abweichungen mit sich bringt.

Soweit sich die Rückrechnung anwenden läßt, bietet sie einen sehr gangbaren Weg zur Ermittlung des Aufwandes eines bestimmten Zeitraumes. Leider aber ist ihre Verwendungsmöglichkeit sehr beschränkt. Unentbehrlich ist für die kurzfristige Erfolgsrechnung ebenso wie für die Jahresschlußbilanz die Lebensdauerschätzung, die mit Hilfe der Abschreibungen den fiktiven Aufwand zu erfassen sucht. Vom Standpunkt der Vermögensrechnung aus gesehen ist sie freilich falsch, für die Erfolgsrechnung aber bietet sich kaum ein anderer Weg, Aufwand und Bestand an Gebrauchsgegenständen zu bestimmen. In den allermeisten Fällen dient der Aufwandsrechnung die Inventur und die Skontration. Für die Jahresschlußbilanz bilden die Lagerbücher ein gutes Kontrollmittel für die Richtigkeit der körperlichen Inventur, für die kurzfristige Erfolgsrechnung aber genügt es unter normalen Umständen, das Ergebnis der Lagerbuchhaltung als Unterlage für die Aufwandsermittlung zu verwenden. Anspruch auf volle Richtigkeit kann nur eine tatsächliche Bestandsaufnahme erheben, die auch richtig durchgeführt worden ist. Für die monatliche Erfolgsrechnung muß man sich mit den Zahlen begnügen, die sich aus der Buchhaltung entnehmen lassen. Selbst ein peinlich genau geführtes Lagerbuch stimmt nur selten mit den wirklichen Beständen bis ins kleinste überein; doch ist die Abweichung der buchmäßigen Sollbestände nach den Skontren von den tatsächlichen Istbeständen im allgemeinen so gering, daß dadurch die Erfolgsrechnung nicht falsch, sondern lediglich etwas ungenau wird. Will man ein ganz genaues Ergebnis erzielen, so muß man möglichst viele Bestände durch Inventur aufnehmen, sofern die Arbeitsbelastung nicht allzugroß ist. Die übrigen Bestände bzw. Aufwendungen sollen durch zweckmäßige Organisation der Buchhaltung aus Skontren und Lagerkarteien abgelesen werden können, wobei man der Sicherheit halber das eine oder andere Ergebnis durch Stichproben nachprüfen kann. Eine Schätzung darf nur im äußersten Notfalle zu Hilfe genommen werden.

5132. Nach dem Werte.

Unter Inventur ist nicht allein die mengenmäßige Erfassung der Bestände zu verstehen; dazu gehört auch noch die Bewertung. Auch für die Aufwendungen, die wir mit Hilfe der Bestände errechnen wollen, ist es von Einfluß, welcher Wert als Maßstab verwendet wird. Denn gerade die Bewertung der Aufwendungen kann die kurzfristige Erfolgsrechnung wesentlich verändern. Die Bewertung der Aufwendungen muß natürlich in Zusammenhang mit der Bewertung der Bestände gebracht werden; denn gewöhnlich ist das Primäre die Bewertung der Vorräte, und die Aufwendungen werden zum gleichen Preis eingesetzt. Allerdings kann unter Umständen auch die Aufwandsbewertung zuerst erfolgen.

Bei den folgenden Ausführungen glauben wir von einer Berücksichtigung der Geldwertschwankungen absehen zu dürfen, zumal darüber aus der Zeit nach der Inflation reichliche Literatur vorhanden ist.

a) Gesetzliche Bewertungsvorschriften.

Zunächst haben wir die Vorschriften des HGB. zu betrachten, soweit sie auf die Bewertung Bezug haben. § 40 HGB. fordert, daß „sämtliche Vermögensgegenstände (Aktiva) und Schulden (Passiva) nach dem Wert anzusetzen sind, der ihnen in dem Zeitpunkt beizulegen ist, für welchen die Aufstellung stattfindet“. Nach Staub ist damit der Veräußerungswert gemeint. „Indessen darf keinesfalls der für den Verkaufsfall möglicherweise zu erzielende höchste Wert angenommen werden, sondern nur der zweifellose Nettoverkaufspreis, also der Verkaufspreis abzüglich der durch den Verkauf und die Versendung etwa noch entstehenden Kosten und Provisionen.“ Im Gegensatz zu § 40, der einer Überwertung vorbeugt, basiert § 261 HGB. auf den Niederstwertprinzip. Nach § 261 Abs. 1 sind bei der Aktiengesellschaft Wertpapiere und Waren zum Börsen- oder Marktpreis anzusetzen; ist aber der Anschaffungs- oder Herstellungspreis niedriger, so ist dieser zu wählen. Abs. 2 schreibt für die übrigen Vermögensgegenstände höchstens den Anschaffungs- oder Herstellungspreis vor. Absatz 3 sagt: „Anlagen und sonstige Gegenstände, die nicht zur Weiterveräußerung, vielmehr dauernd zum Geschäftsbetrieb der Gesellschaft bestimmt sind, dürfen ohne Rücksicht auf einen geringeren Wert zu dem Anschaffungs- oder Herstellungspreis angesetzt werden, sofern ein der Abnutzung gleichkommender Betrag in Abzug gebracht (also die direkte Verbuchungsmethode) oder ein ihr entsprechender Erneuerungsfonds in Ansatz gebracht wird“ (indirekte Verbuchungsmethode). Der Gesetzgeber hat diese Bewertungsvorschriften für die Aktiengesellschaften erlassen zum Schutz der Aktionäre und Gläubiger. Nur das, was wirklich Gewinn ist, soll die Aktiengesellschaft verteilen, nicht auch das, was durch Höherbewertung als Gewinn erscheint. Daher soll stets der niedrigste Wert in Ansatz gebracht werden. Leider herrscht bei den Juristen keine Einigkeit über die Auslegung dieser beiden Gesetzesvorschriften. Gerstner[1]) sagt treffend: „Fast soviele Werke es über diesen Gegenstand gibt, soviele verschiedene Ansichten oder wenigstens mehr oder weniger voneinander abweichende Ansichten wird man finden."

Anzuführen sind ferner die Bestimmungen der Reichsabgabenordnung, die für die Bewertung in Steuerangelegenheiten von Wichtigkeit sind. § 137 RAO. schreibt als Normalsatz der Bewertung den „gemeinen" Wert vor, den § 138 folgendermaßen definiert: „Der gemeine Wert ist durch den Preis bestimmt, der im gewöhnlichen Geschäftsverkehr nach der Beschaffenheit des Gegenstandes unter Berücksichtigung aller den Preis beeinflussenden Umstände bei einer Veräußerung zu erzielen wäre; ungewöhnliche oder lediglich persönliche Verhältnisse sind nicht zu berücksichtigen." Es handelt sich hier offenbar um einen Veräußerungswert; jedoch ist der gemeine Wert nicht identisch mit dem Verkaufswert schlechthin, sondern nur mit einem ganz spezifischen Verkaufswert.

b) Bewertung in der Praxis.

Ist es schon dem Gesetzgeber nicht gelungen, das Bewertungsproblem eindeutig zu lösen, so ergeben sich bei der praktischen Anwendung dieser Gesetzesvorschriften erst recht viele Schwierigkeiten. Sewering fordert einen „wahren Wert". Aber wie läßt sich dieser wahre, objektive Wert ermitteln? Eine grundlegende Tatsache ist nicht außer acht zu lassen. Die Bewertung kann unter verschiedenen Gesichtspunkten erfolgen, von denen als die gebräuchlichsten der der Vermögensermittlung und der der Erfolgsermittlung zu nennen sind. Je nach dem Ausgangspunkt ändern sich die Bewertungsmaßstäbe. Wir wollen uns hier nicht in den Streit der Statiker und Dynamiker einmischen; denn wir betrachten lediglich die Erfolgsrechnung und stellen deshalb die dynamischen Ziele bei der Bewertung in den Vordergrund. Manche subjektiven Faktoren müssen berücksichtigt werden, so daß man die Bewertung überhaupt als eine Schätzung ansprechen kann. Bewertung und Erfolg stehen in einem Kausalitätsverhältnis, wobei der Erfolg bald Wirkung, bald Ursache ist. Durch die Bewertung läßt sich die Höhe des Erfolges beliebig verändern (Überbewertung — hohe Erfolgsziffer), anderseits aber wird der Bewertungsmaßstab von dem erzielten Erfolg abhängig gemacht (niedrige Erfolgsziffer-Unterbewertung). Bei schlechter Geschäftslage bewertet mancher Unternehmer hoch, um ein günstiges

[1]) P. Gerstner, Bilanzanalyse S. 60.

Bild vorzutäuschen, während er bei gutem Geschäftsgang unter Umständen einen niedrigeren Wert ansetzt, um den Erfolg nicht zu groß erscheinen zu lassen.

Wir müssen uns hier darauf beschränken, kurz diese schwierige Frage zu streifen, ohne zu glauben, wir könnten damit das Bewertungsproblem lösen. Rieger[1]) plädiert für den „heutigen Wert“, den er als „den echten, tatsächlich für das betreffende Objekt einmal eintretenden Geldwert, bezogen auf den heutigen, den Bilanztag“ bezeichnet. Damit glaubt er „mindestens theoretisch die Schrecken und Rätselhaftigkeiten“ der Bewertungsfrage bezwungen zu haben. Die praktische Lösung, die uns wichtiger erscheint, ist allerdings nicht so einfach. Wir können die in der Praxis üblichen Bewertungsgrundsätze in vier große Gruppen einordnen:

1. die Bewertung zum Anschaffungs- und Herstellungspreis,
2. zum Tages- und Wiederbeschaffungspreis,
3. zum Veräußerungspreis,
4. zum Niederstwert.

Der Anschaffungswert ist der Wert, der sich am leichtesten genau feststellen läßt. Wir verstehen darunter den Einkaufspreis laut Lieferantenrechnung zuzüglich der Einkaufsspesen. Der Anschaffungswert hat vor allen anderen Werten das eine voraus, daß er ein konstanter Wert ist, der ein für allemal feststeht und ganz unabhängig ist von allen Schwankungen, die von innen oder außen auf das Unternehmen einwirken. Freilich kann auch die Ermittlung des Anschaffungswertes in der Praxis Schwierigkeiten bereiten. Sind nämlich in einem Lager Bestände, die zu verschiedenen Preisen eingegangen sind, untrennbar vermischt, wie etwa in einer Baumwollvorratskammer, so ist schwer zu entscheiden, welcher Anschaffungspreis auf die gemachten Aufwendungen an Material entfällt. In einem solchen Falle müssen Durchschnittswerte gewählt werden. Zumeist wird ein gewogener oder auch ungewogener Durchschnitt der Anschaffungspreise als Bewertungsmaßstab verwendet. Wird ein beliebiger Anschaffungspreis, etwa der der ersten und letzten Teilmenge zugrunde gelegt, dann wird das Ergebnis schon ungenau.

Nahe verwandt mit dem Anschaffungspreis ist der Herstellungspreis. Der Herstellungspreis ist die Summe der Aufwendungen, die für einen Gegenstand gemacht worden sind. Der Wert des Gegenstandes gibt also an, welche Ausgaben dafür zu machen waren. Aus dieser Verwandtschaft von Anschaffungs- und Herstellungspreis erklärt sich auch, daß beide Begriffe, fast gleichbedeutend, nebeneinander im § 261 HGB. genannt werden.

Tagespreis deckt sich mit Markt- und Börsenpreis. Es ist der Preis,

[1]) Rieger, Einführung in die Privatwirtschaftslehre S. 213.

den ein Gegenstand an einem bestimmten Tag am Markt oder an der Börse erreicht hat. Die Feststellung dieses Preises bringt manche Schwierigkeiten mit sich. Es kann leicht der Fall eintreten, daß ein und dieselbe Ware an verschiedenen Märkten oder Börsen verschieden hohe Preise erzielt hat. Welcher Markt ist denn maßgebend? Ferner sind nicht alle Waren standardisiert, wie etwa Baumwolle. In solchen Fällen ist es schwer festzustellen, ob es sich bei dem Marktpreis um die gleiche Qualität handelt oder inwiefern die Qualitäten voneinander abweichen. Weiter ist zu bedenken, daß es sich um einen Preis handeln kann, zu dem wir Ware kaufen, also den Beschaffungszeitwert, oder um einen Preis, zu dem wir Waren abgeben, also einen Veräußerungszeitwert. Der erstere ist gleichbedeutend mit dem Wiederbeschaffungspreis. Darunter ist der Preis zu verstehen, zu dem eine Ware am Umsatz- oder Bilanzstichtage wiederbeschafft werden kann. Im Interesse einer „relativen Werterhaltung der Unternehmung" tritt Schmidt für den Wiederbeschaffungspreis des Umsatz- bzw. Bilanztages ein. Tages- und Wiederbeschaffungspreis bringen die Bewertung in Beziehung zur Zeit, sie geben also beide Zeitwerte an. Für die Erfolgsrechnung bedeutet die Verwendung von Zeitwerten große Störungen. Denn bei der stets wechselnden Höhe des Preises ergeben sich andauernd Differenzen, die bald als Verlust, bald als Gewinn nachgebucht werden müssen. Diese Frage wird noch eingehender bei dem Problem der Wertveränderungserfolge zu besprechen sein.

Der Veräußerungspreis endlich ist der Anschaffungs- oder Herstellungswert zuzüglich Unkosten und Gewinnaufschlag, also der Verkaufspreis. Nur bei einer Liquidation ist er einwandfrei zu gebrauchen; sonst aber können wir ihn vom Standpunkt einer genauen Erfolgsrechnung nicht befürworten, weil darin mögliche Erfolge, die eventuell erzielt werden, mit enthalten sind. Hierher gehört auch der gemeine Wert, wie ihn die Reichsabgabenordnung vorschreibt. Wohl zu beachten ist, daß die Begriffe noch keineswegs eindeutig im Schrifttum festgelegt sind.

§ 261 HGB. bildet die Grundlage für die Verwendung des sog. „Niederstwertprinzips". Aus verschiedenen Werten wird der niedrigste ausgewählt. Auf solche Weise will sich der Kaufmann vor etwaigen Verlusten schützen, indem er die Wertberichtigung gleich vorweg nimmt. So ist es erklärlich, daß in der Praxis diesem Grundsatz viel gehuldigt wird, Vom Standpunkt der Erfolgsrechnung ist aber gegen den Niederstwert einzuwenden, daß er ein verschwommenes Bild gibt, weil die Erfolge nicht in der Periode in der Gewinn- und Verlustrechnung erscheinen, in der sie wirklich entstanden sind.

Zu welchem Wert sollen wir nun die Aufwendungen für die kurzfristige Erfolgsrechnung ansetzen? Schon die kurzen Angaben über die einzelnen Preise lassen erkennen, welche Verschiedenheiten durch die einzelnen Bewertungsmethoden in die Erfolgsrechnung hineingetragen werden können. Geldmacher[1]) sagt: „Der betriebswirtschaftliche Wert ist immer zweckbestimmt.“ Dadurch, daß sich diese Arbeit mit der Erfolgsrechnung befaßt, ist schon eine gewisse Linie vorgezeichnet, auf der sich die Bewertung zu bewegen hat. Wir wollen für die kurzfristige Erfolgsrechnung den tatsächlichen Aufwand erfassen, und zwar zu einem Preis, der möglichst wahr ist. Daher muß eine Bewertung zum Veräußerungspreis im voraus ausgeschieden werden, weil darin noch nicht realisierte Gewinne enthalten sind, die noch nicht in die Erfolgsrechnung gehören. Der Tages- oder Wiederbeschaffungspreis erscheint uns deswegen ungeeignet für die Bewertung der Aufwendungen, weil er stets die von außen auf den Betrieb einwirkenden Faktoren berücksichtigt, die bei einer Berechnung des reinen Umsatzerfolges nicht in Frage kommen. So bleibt uns als bester Bewertungsmaßstab für die Aufwendungen der Anschaffungspreis bzw. der Herstellungspreis übrig. Ob der Unternehmer den Anschaffungspreis der ersten oder letzten Partie oder einen mittleren Anschaffungspreis wählen soll, bleibt ganz ihm überlassen. Eine allgemein gültige Regel kann nicht aufgestellt werden, weil stets persönliche Momente und die jeweilige Marktlage auf die Bewertung einen Einfluß ausüben.

Auf ein Instrument der Bewertung wäre noch zu verweisen, das zwar nicht unmittelbar unsere Frage berührt, aber trotzdem auf die Erfolgsrechnung von starkem Einfluß ist, die stillen Reserven. Sie liegen überall da vor, wo der wirkliche Wert höher ist als der in der Bilanz ausgewiesene Betrag. Bei normalem Geschäftsgang treten sie gar nicht in Erscheinung; anders ist es bei Veräußerung des betreffenden Gegenstandes. Die stille Reserve wird damit aufgelöst und erscheint infolgedessen als Ertrag in der Erfolgsrechnung, wodurch die Vergleichbarkeit der einzelnen Perioden eine Störung erfahren kann. Vom Standpunkt einer genauen Erfolgsrechnung sind daher theoretisch die stillen Reserven abzulehnen. Betrachten wir aber die Gründe, die die Praxis zur Legung stiller Reserven veranlassen, so werden wir sie trotz aller theoretischen Bedenken anerkennen müssen. Der Unternehmer läßt sich mehr vom Grundsatz der Vorsicht leiten und nimmt damit lieber einige Ungenauigkeiten in Kauf. Er ist sich in vielen Fällen dessen bewußt, daß die Erfolgsberechnung wegen der stillen Reserven nicht ganz richtig ist, kann sich aber aus Gründen der Vorsicht nicht entschließen, sie aufzulösen. Auf die Aufwandsbewertung wirken sich die stillen Reserven natürlich aus, zumal in vielen Fällen gerade die Vorräte unterbewertet werden. Würde ein Vorrat ganz erschöpft werden, also Aufwand werden, so würde diese Unterbewertung die Erfolgsrechnung stören. Im allgemeinen aber werden die Bestände ziemlich auf gleicher

[1]) Geldmacher, Betriebswirtschaftslehre S. 8.

Höhe gehalten und so Störungen der Erfolgsrechnung durch stille Reserven vermieden.

Es ist zu bedenken, ob für die Bewertung der Aufwendungen in den kurzfristigen Erfolgsrechnungen die gleichen Bewertungsgründe gelten sollen wie für die Wertansätze der Bestände in der Jahresschlußbilanz. Der Unternehmer, der eine Kontinuität der kurzfristigen Erfolgsrechnungen mit der Jahreserfolgsrechnung erreichen will, muß gewiß an den gleichen Wertansätzen festhalten. Als Regel wird man diesen Fall aber nicht hinstellen dürfen, verfolgt doch die Jahresschlußbilanz neben den dynamischen Zwecken immer auch statische Ziele, die auf die Bewertung von großem Einfluß sind.

5133. Verrechnung der einmaligen Aufwendungen.

In den bisher behandelten Fällen war von Aufwendungen die Rede, die sich irgendwie in Beziehung zur Produktionsmenge bringen lassen. Darunter können aber nicht alle Aufwendungen subsummiert werden; denn es gibt in jedem Unternehmen auch Nebenaufwendungen, die einmalig sind oder sich auch regelmäßig wiederholen. Ein großer Teil der einmaligen Aufwendungen — Schaer nennt sie „Jahreskosten" — stehen in keinem unmittelbaren Verhältnis zur Menge der Erzeugnisse, dazu gehören Versicherungsprämien, Steuern. Andere Jahreskosten sind erst vom Ausfall der Jahresschlußbilanz und Jahreserfolgsrechnung abhängig, wie z. B. Tantiemen, Gratifikationen, Prämien, Reserven. Einige dieser einmaligen Kosten sind zeitlich bedingt, wie die Versicherungsprämien. In einem solchen Falle liegt es natürlich nahe, den Betrag pro rata temporis aufzuteilen und jedem Monat den entsprechenden Teilbetrag zur Last zu schreiben. Schwieriger wird die Frage bei den nicht aufteilbaren Aufwendungen, die noch dazu vom Ausfall der Jahreserfolgsrechnung abhängig sind. Die Theorie hat auch hier nach Mitteln und Wegen gesucht und will auf Grund von Erfahrungssätzen und allen möglichen Spekulationen auch hier einen Aufteilungsschlüssel finden. Die Aufwendungen werden geschätzt auf Grund der Kosten des Vorjahres oder mehrerer Jahre und durch Antizipation wird jeder Monat mit einem Zwölftel dieser angenommenen Zahl belastet. Erst am Jahresende wird sich dann zeigen, ob die Verrechnung richtig durchgeführt worden ist. Unseres Erachtens muß eine kurzfristige Erfolgsrechnung eine Rechnung mit wirklichen Unterlagen und keine Spekulation sein; also gehören solche Aufwendungen, die in ihrer Höhe sich im voraus nur annähernd bestimmen lassen, nicht in die kurzfristige Erfolgsrechnung hinein. Sie können erst in der Jahresrechnung berücksichtigt werden. In diesem Zusammenhang haben wir überhaupt einmal die Frage zu stellen, ob bei der kurzfristigen Erfolgsrechnung alle Aufwendungen erfaßt werden können oder nur die, welche in irgendeinem Zusammenhang mit der Produktion stehen. Mit Bestimmtheit können jedenfalls nur die Aufwendungen ermittelt werden, die sich zur Menge der Erzeugnisse oder zur Zeit in Beziehung setzen lassen. Bei den meisten einmaligen Kosten sind diese Beziehungsgrößen nicht gegeben und sie werden deshalb in der kurzfristigen Erfolgsrechnung keinen Platz haben.

Ein schwieriges Kapitel sind die Steuern. Walb zählt sie als Zwangsaufwand zu den Nebenaufwendungen. Die Umsatzsteuer steht in unmittelbarem Zusammenhang mit der Produktionsmenge; sie muß deshalb selbstverständlich in die kurzfristigen Erfolgsrechnungen eingesetzt werden. Schwieriger gestaltet sich die Verrechnung der Vermögens- und Einkommensteuern, die erst am Ende des Jahres genau bestimmt werden können. Diese Steuern werden zweckmäßigerweise erst in der Jahreserfolgsrechnung verrechnet, weil ihr Anteil auf den einzelnen Monat nicht festgestellt werden kann.

Bei vielen Unternehmungen spielen die Reklamekosten eine große Rolle. Unternehmer, die nach einem bestimmten Plan annoncieren, können die Aufwendungen für Reklame auf die Zeitperioden aufteilen und den einzelnen Monaten anteilig zurechnen. Solche Unternehmungen, die nur bei besonderen Anlässen oder ganz unregelmäßig einmal Reklame machen, müssen diese Aufwendungen als einmalige Kosten betrachten und sie in die Jahreserfolgsrechnung einreihen. Ein besonderes Moment ist hier zu berücksichtigen. Viele Unternehmer sind gerade dann gezwungen, große Aufwendungen für Reklame zu machen, wenn der Geschäftsgang schlecht ist. Daraus zeigt es sich ganz deutlich, wie störend es auf die Vergleichbarkeit der einzelnen Zeitabschnitte wirkte, wenn man diese Aufwendungen den betreffenden Monaten zurechnete.

Zusammenfassend dürfen wir wohl sagen, daß die einmaligen Aufwendungen aufzuteilen sind, sofern sie sich zur Produktionsmenge oder zur Wirkungsdauer in Beziehung setzen lassen. Alle anderen einmaligen Aufwendungen können erst in die Jahreserfolgsrechnung in ihrer wirklichen Höhe eingesetzt werden.

52. Trennung von Umsatz- und Wertveränderungserfolg.

Die kurzfristige Erfolgsrechnung liefert uns als Endergebnis den Erfolg als Differenz zwischen Aufwendungen und Erträgnissen eines bestimmten Zeitabschnitts. Diese Erfolgsziffer ist das Ergebnis aus dem Zusammenwirken vieler Faktoren. Die kurzfristige Erfolgsrechnung sieht eine ihrer Hauptaufgaben darin, die Vergleichbarkeit der einzelnen Perioden zu ermöglichen, also sind alle Einwirkungen auszuscheiden, die nicht aus dem Betrieb selbst kommen. Nur der reine Umsatzerfolg soll herausgeschält werden. Alle die anderen Posten, die den reinen Umsatzerfolg zum Gesamterfolg ergänzen, wollen wir als „Wertveränderungserfolg" bezeichnen. So erscheint als eine Hauptfrage der kurzfristigen Erfolgsrechnung die, wie sich der reine Umsatzerfolg lostrennen läßt von den verschiedenartigen Erfolgseinflüssen, die von außen auf ein Unternehmen einwirken.

Schmalenbach hat vor allem in dieser Richtung wertvolle Untersuchungen angestellt. Er nennt als „Außeneinflüsse"[1]) Konjunktureinflüsse, 2. Saisoneinflüsse, 3. Modeeinflüsse, 4. Struktureinflüsse. Infolge ihres Ineinandergreifens wäre es schwierig, die Einwirkungen jedes einzelnen dieser Faktoren auf den Erfolg rechnerisch zu untersuchen. Das kann auch gar nicht unsere Aufgabe sein, die vielmehr darin besteht, den reinen Umsatzerfolg zu eliminieren, ihn gesondert darzustellen, ohne die Wirkung dieser Außeneinflüsse zu prüfen. Zu diesem Zweck müssen wir die Wertveränderungseinflüsse ausscheiden. Als Wirkung dieser Faktoren haben wir nach Schmalenbach[2]) anzusehen „Veränderungen im Preisgefälle, Veränderungen im Beschäftigungsgrade, Zusammensetzung der Aufträge, Sonderaufwendungen infolge Veränderungen der Marktlage".

Zu den Wertveränderungseinflüssen gehören außer diesen Außeneinflüssen auch noch andere. Zunächst wollen wir die Einflüsse betrachten, die aus dem Betrieb selbst herauskommen. Schon der Standort des Unternehmens und der Zustand der Betriebsanlagen wirkt auf den Erfolg ein. Bei Errichtung eines Betriebes ist die Standortfrage neben der Finanzierungsfrage wohl die wichtigste, und während der ganzen Lebensdauer bilden die Transportkosten einen Maßstab für die richtige Wahl des Standorts. Von gleicher Wichtigkeit in seiner Auswirkung auf den Erfolg ist der Zustand der Betriebsanlagen. Durch schlechte Behandlung können die Anlagewerte an Wert einbüßen, die Maschinen können veraltet sein. Anderseits aber können neuzeitlich eingerichtete Betriebe eine Rente abwerfen. Die kurzfristige Erfolgsrechnung kann uns allein über diese Fragen nicht hinreichend Auskunft geben; es ist Sache der Selbstkostenrechnung, diese Einflüsse des Standortes und der Betriebsanlagen zu untersuchen. Nur Aufzeichnungen vieler Jahre oder Vergleiche mit ähnlichen Betrieben lassen diese Einflüsse mit Bestimmtheit erkennen.

Die Betriebsgebarung, die Art, wie sich der Betrieb betätigt, ist auch ein nicht zu unterschätzender Faktor der Erfolgsgestaltung. Der Betriebsleiter kann einen Einfluß auf die Betriebsgebarung ausüben; daher ist darauf ein besonderes Augenmerk zu richten. Sparsamkeit und Vorsicht, Fleiß und Geschick der Unternehmerpersönlichkeit kommen hier zur Geltung. Die Frage der Betriebsorganisation spielt hier mit herein. Zweckmäßige Anleitung der Arbeit, ausreichende Kontrollmaßnahmen im Betriebe, gute Organisation, die eine rasche Ent-

---

[1]) Z. f. h. F., 22. Jahrg., 5. Heft, 1928, S. 197.

[2]) Schmalenbach, Dynamische Bilanz S. 276.

deckung von Unterschleifen und Betrügereien ermöglicht, sind bedeutsame Faktoren, die den Erfolg beeinflussen.

Eine unverhältnismäßig wichtigere Rolle spielen die Außeneinflüsse. Bisher wurden sie kurzweg Konjunktureinflüsse genannt und darunter alle von außen auf die Unternehmung einwirkenden Faktoren zusammengefaßt. Heute hat man aber erkannt, daß sich die Einwirkungen der Konjunktur von denen der Mode oder der Saison kaum lostrennen lassen, daß sie vielmehr alle zusammenspielen.

Die Veränderungen des Preisgefälles wollen wir zunächst betrachten. Was Schmalenbach als Preisgefälle bezeichnet, nennt Schmidt Wertauftrieb. Denn Schmalenbach geht vom fertigen Erzeugnis aus und untersucht zurückblickend die Differenz zwischen dem Preis des Produkts einerseits und dem Preis der dafür aufgewendeten Materialien und Löhne anderseits. Schmidt schaut vorwärts und sagt: „Eine Unternehmung kann nur leben, wenn zwischen ihrem Beschaffungsmarkt und ihrem Absatzmarkt Wertauftrieb vorhanden ist"[1]).

Wäre nun der Unterschied zwischen dem Preis der fertigen Erzeugnisse und den normalen Selbstkosten stets der gleiche, so wäre der Erfolg allein abhängig von der Betriebstätigkeit. In Wirklichkeit aber ändert sich diese Differenz fortwährend infolge der ständigen Schwankungen der Preise für Rohmaterialien sowohl als auch für Fertigfabrikate. Bei Vergrößerung der Preisspanne spricht man von guter oder günstiger Konjunktur, bei Verringerung von schlechter Konjunktur. Diese dauernden Schwankungen können nur dadurch ausgeschaltet werden, daß man an Stelle der tatsächlichen Marktpreise mit festen Preisen rechnet. Alle Wertschwankungen werden damit beim Eingang der Materialien in den Betrieb und beim Ausgang der Fertigerzeugnisse aus dem Betrieb rechnerisch erfaßt und auf einem Konto für Preisschwankungen gesammelt. Den Preis, den wir als Basis benutzen, bezeichnen wir als Verrechnungspreis. Oben schon haben wir die Bedeutung des Verrechnungspreises hervorgehoben, der der Bestands- und Aufwandsermittlung wertvolle Dienste leistet, da er die Wertrechnung zugleich zur Mengenrechnung macht. In diesem Zusammenhang haben wir den Verrechnungspreis als Hilfsmittel zur Ausschaltung der Markteinflüsse zu betrachten. Voraussetzung ist, daß der gleiche Preis während der ganzen Rechenperiode beibehalten wird, damit die Erfolgsrechnung nicht gestört wird. Ein kleines Beispiel soll uns ein Bild davon geben. Der Verrechnungspreis für 100 kg Kupfer sei 126 RM. Ist der Einkaufspreis auf 128 RM. gestiegen, so gehen diese 2 RM. zu Lasten des Kontos für Preisschwankungen. Ist aber der Preis auf 125 RM. gefallen, so erscheint die Differenz auf der Habenseite dieses Kontos. Alle Differenzen zwi-

---

[1]) Schmidt, Organ. Bilanz in Handwörterbuch der Betriebswirtsch., 1. Bd., S. 1346.

schen Einkaufspreis und Verrechnungspreis werden also auf diesem Konto für Preisschwankungen erfaßt. Durch diese Art der Verbuchung bleibt das Gewinn- und Verlustkonto frei von den Schwankungen der Materialpreise, die mit dem Betriebe in keinem unmittelbaren Zusammenhang stehen. Schon dieses einfache Beispiel zeigt, welche Schwierigkeiten auftauchen, wenn sich die Marktpreise dauernd ändern und alle diese Abweichungen vom Verrechnungspreis erfaßt werden müssen. Wird die Spanne allzu groß, so dürfte es ratsam sein, zu Beginn eines neuen Rechnungsabschnittes den Verrechnungspreis an den Marktpreis anzupassen.

Auch die Veränderungen des Beschäftigungsgrades müssen sich in der Erfolgsrechnung auswirken. Nehmen wir Beschäftigungsgrad als das Verhältnis der eingegangenen Bestellungen und der damit bedingten Ausnutzung der Produktionskapazität zur gesamten Produktionskapazität eines Betriebes, dann ist ohne weiteres klar, daß er auf die Höhe des Erfolges einen Einfluß ausüben muß. Um eine Vergleichbarkeit der einzelnen kurzfristigen Erfolgsrechnungen zu erreichen, muß die Einwirkung des Wechsels im Beschäftigungsgrad ausgeschaltet werden; nur so wird es möglich sein, Monate mit sehr gutem und solche mit schlechtem Beschäftigungsgrad miteinander zu vergleichen. Wären die Unkosten in jedem Unternehmen stets proportional zum Beschäftigungsgrad, dann brauchten wir diesen Faktor nicht zu berücksichtigen. Die meisten Kosten des Betriebes aber sind progressiv, degressiv oder gar fix. Aufgabe der Betriebsbeobachtung ist es nun, alle nicht proportionalen Kosten festzustellen. In der Theorie ist sogar schon der Versuch gemacht worden, die jeweilige Zusammensetzung der Kosten aus fixen und proportionalen Bestandteilen bei den verschiedenen Beschäftigungsgraden zu ermitteln und auf diese Weise einen bestimmten Kostennormalsatz festzulegen. Dafür nennt Schmalenbach[1]) ein Beispiel, das, wie er selbst sagt, leicht auszudenken, aber schwer praktisch durchzuführen ist. Ein Betrieb sei auf 100 t eines Produktes täglich eingestellt, das sei sein normaler Beschäftigungsgrad. Geht infolge von Außeneinflüssen die Beschäftigung auf die Hälfte herunter und nach genauen Berechnungen beträgt der Verlust, der bei dieser Reduktion durch Leerlauf entsteht, RM. 1000 pro Tag, so vergütet man zu Lasten des Kontos für Preisschwankungen diesen Betrag an den Betrieb, wodurch das Gleichgewicht wieder hergestellt wird. Die Schwierigkeit wird aber darin zu sehen sein, daß diese genaue Bestimmung des Verlustes durch Leerlauf unmöglich ist. Nicht viel leichter durchzuführen ist ein anderer Vorschlag, der die Leistungseinheit in zwei Teile zerlegen will, in einen veränderlichen Betrag, der die Abhängigkeit vom Beschäftigungsgrad zum Ausdruck bringen soll, und in einem festen Stückpreis für die Leistungseinheit. Beide Beträge sind schwer zu ermitteln.

---

[1]) Schmalenbach, Zur Weiterbildung der monatl. Erfolgsrechnung, Z. f. h. F. 1926, S. 155.

Eine wichtige Rolle spielt bei der Erfolgsrechnung die Zusammensetzung der Aufträge. Bei günstiger Marktlage lauten die einzelnen Aufträge auf große Posten gleicher Qualitäten, während bei schlechter Konjunktur die Aufträge nur kleine Mengen der verschiedenen Qualitäten und dazu meist noch in ganz kurzer Lieferfrist anfordern. Ein Beispiel soll uns die Sache verdeutlichen. In einer Weberei muß jeder Webstuhl für jede Stoffart umgestellt werden. Am wirtschaftlichsten arbeitet der Webstuhl, der dauernd für die gleiche Webart läuft. Hat aber das Unternehmen bei schlechter Konjunktur lauter gestückelte Aufträge hereinbekommen, so muß man die Webstühle öfters umstellen. Dann können sie natürlich nicht so ökonomisch arbeiten, da für die Umstellung viel Arbeitszeit verbraucht wird, die nicht direkt auf das Erzeugnis verrechnet werden kann. Im Interesse einer genauen Erfolgsrechnung könnte man daran denken, die Preise auch gegenüber der Verkaufsabteilung in demselben Maße zu staffeln, wie es der Kundschaft gegenüber geschieht, z. B. 1000 m Kattun kosten 350 RM., 2000 m 690 RM., 5000 m 1680 RM. usw. Auch hier bietet es Schwierigkeit, den richtigen Weg zu finden.

Ein Posten, der vom Standpunkt der Erfolgsrechnung aus auch der Beachtung wert ist, sind die Sonderaufwendungen infolge veränderter Marktlage. Vor allem sind hier zu erwähnen Aufwand für Reklame und Handlungsreisende. Bei gutem Geschäftsgang kann es der Unternehmer unterlassen, eine großzügige Reklame zu machen; bei schlechter Lage aber wird er danach trachten, den Umsatz seines Geschäftes zu heben. Zu diesem Zweck wird es nötig sein, umfangreiche Reklame zu machen; ferner müssen mehr Reisende hinausgeschickt werden, die die Kundschaft bearbeiten sollen. Ein augenfälliges Beispiel aus jüngster Zeit liefert die Lebewohlreklame, die nur als Gegenwirkung gegen die Kukirolreklame erklärt werden kann. Alle diese Aufwendungen können nur der schlechten Marktlage zugeschrieben werden und dürfen daher nicht als Minderungen des Umsatzerfolges der entsprechenden Periode angesehen werden. Auch die Preisabzüge und sonstigen Schikanen, die bei schlechtem Geschäftsgang täglich vorkommen, können lediglich der Ungunst der Marktlage zugerechnet werden. Daher haben wir oben schon diese Posten zu den einmaligen Aufwendungen gezählt, die in der Jahreserfolgsrechnung erst zum Vorschein kommen.

Wenn es nun gelungen ist, alle die Wertveränderungsfaktoren, die teils von innen, teils von außen den Erfolg beeinflussen, auszuscheiden, dann muß der verbleibende Rest den reinen Umsatzerfolg angeben. Diese Methode, den reinen Umsatzerfolg genau herauszuschälen, läßt sich wohl in der Theorie darstellen, in der Praxis aber häufen sich die Schwierigkeiten bei dem Versuch diese Grundsätze der Theoretiker anzuwenden, ja es darf fast als unmöglich angesehen werden, die Ausschaltung des Wertveränderungserfolges zu erreichen.

Schmidt versucht es, den Erfolgseinflüssen auf eine andere Art beizukommen. Er unterscheidet streng zwischen Betriebsgewinn (= Umsatzgewinn) und Konjunktur- oder Marktgewinn. „Wertzuwachs, der nicht Gewinn (= Betriebsgewinn) ist, erscheint auf Vermögenswertänderungskonto. So wird das Verlust- und Gewinnkonto befreit von jeder Wertverschiebung und zeigt reinen Umsatzgewinn.“[1]) Darin erblicken wir ja eine Aufgabe der kurzfristigen Erfolgsrechnung, daß sie den reinen Umsatzgewinn zur Darstellung bringen soll. Tritt eine Wertveränderung bei einem Vermögensteil ein, solange er in der Unternehmung „ruht“, wie Schmidt sagt, so hat nicht die Tatsache des Umsatzes diese Veränderung verursacht. Es läuft also die Erfolgsermittlung darauf hinaus, den Erfolg auf seine Quellen aufzuteilen. Der Gewinn auf Umsatz erscheint auf einem Umsatzerfolgkonto, eben dem Gewinn- und Verlustkonto, während alle Wertveränderungen am ruhenden Vermögen, die zwischen der Zeit des Eingangs in die Unternehmung und dem Umsatz- bzw. Bilanztag eingetreten sind, auf dem Vermögenswertänderungskonto erfaßt werden. Alle Wertänderungen, die die Vermögensteile während ihres Verweilens in der Unternehmung erfahren, können unmöglich Umsatzerfolg sein, weil sie ja an den Gegenständen, die nicht umgesetzt worden sind, auch eingetreten sind. „Echter Umsatzgewinn liegt nur dann vor, wenn die zu einem neuen Produkt umgewandelten Kostenteile im Absatzmarkt in der neuen Form eine höhere Wertschätzung genießen als die Summe der einzelnen Produktionsbeiträge (= Aufwendungen) in ihrem Beschaffungsmarkt des gleichen Zeitpunktes[2]).“ Schmidt sucht also die Trennung des Umsatz- und Wertveränderungserfolges dadurch zu erreichen, daß er alle Werte, die verglichen werden, auch zeitig gleichwertig macht. So müssen alle Aufwendungen und Erträgnisse zum Wiederbeschaffungspreis des Umsatztages angesetzt werden.

Auch der von Schmidt vorgeschlagene Weg dürfte nicht so leicht zu beschreiten sein. Jedenfalls geht aus den gemachten Äußerungen hervor, daß in der Praxis eine genaue Trennung der Erfolgsteile kaum möglich ist und viele Buchungsarbeiten erfordert.

6. Verschiedene Wege zur kurzfristigen Erfolgsrechnung.

Wir haben nun die Hauptmerkmale der kurzfristigen Erfolgsrechnung angeführt. In der privatwirtschaftlichen Literatur spielt es eine große Rolle, von welchem Ausgangspunkt der einzelne Autor an diese Frage herangeht. Ja, es lassen sich daraus erst die verschiedenen Auslegungen erklären, die der Begriff kurzfristige Erfolgsrechnung und die

---

[1]) Schmidt, Organische Bilanz im Rahmen der Wirtschaft S. 90.

[2]) Schmidt, Der Wiederbeschaffungspreis des Umsatztages in Kalkulation und Volkswirtschaft S. 103.

oben angeführten Ausdrücke erfahren haben. Drei Ausgangspunkte haben sich bis jetzt ergeben:

1. die Bilanz,
2. die Kalkulation und Buchhaltung,
3. die Statistik.

Die ersten Versuche über kurzfristige Erfolgsrechnungen gingen von der Bilanz aus, in Anlehnung an die Jahreserfolgsrechnung. Auch heute noch huldigen viele Privatwirtschaftler dieser Ansicht. Eine neuere Richtung will die Bilanz beiseite lassen und nur eine Aufwands- und Ertragsrechnung aufmachen. Die dritte Möglichkeit, die allerdings im Schrifttum noch wenig behandelt ist, will die kurzfristige Erfolgsrechnung in die Form der Statistik kleiden. Im folgenden Abschnitt wollen wir von jeder Richtung einige typische Vertreter herausgreifen.

61. Von der Bilanz ausgehend.

611. Schmalenbach.

(Monatliche Gewinnberechnung. Z. f. h. F., 7. Jahrg. — Zur Weiterbildung der monatlichen Erfolgsrechnung. Z. f. h. F., 20. Jahrg. — Dynamische Bilanz.)

Als der erste unter den Theoretikern hat Schmalenbach klar die Bedeutung der kurzfristigen Erfolgsrechnung oder, wie er sie nennt, der „monatlichen Gewinnrechnung“ erkannt. An diesem Problem hat er stets weitergearbeitet, wie aus seinen verschiedenen Veröffentlichungen zu ersehen ist, und in der neuesten Auflage seiner „Dynamischen Bilanz“ widmet er ihm einen eigenen Abschnitt. Was Schmalenbach unter monatlicher Gewinnrechnung verstanden wissen will, das geht aus dem folgenden Satz hervor: „Es kann keinen Zweifel darüber geben, daß eine gute monatliche Erfolgsrechnung beide, sowohl Status als auch die Bewegungsrechnung nebeneinander zeigen soll[1].“ Damit legt der Verfasser dar, daß er eine Synthese von Bilanz und Gewinn- und Verlustrechnung fordert, ein grundlegender Unterschied zu den neueren Autoren, die ohne Bilanz lediglich eine Erfolgsrechnung aufstellen.

Als Aufgaben der kurzfristigen Erfolgsrechnung sieht er die möglichst genaue Beobachtung der Betriebsgebarung, Beobachtung der Liquidität, und schließlich soll sich dadurch eine Berechnungsgrundlage für die Betriebstantieme ergeben. Gerade der Betriebstantieme mißt Schmalenbach einen hohen Wert bei; dient sie doch vor allem der Hebung der Arbeitsfreudigkeit bei den Betriebsleitern. Den Ausgangspunkt für die monatliche Erfolgsrechnung bildet die monatliche Roh- oder Saldenbilanz, sofern die Buchhaltung dem Zweck entsprechend

---

[1]) Schmalenbach, Dynamische Bilanz S. 301.

eingerichtet ist; das heißt: die einzelnen Konten müssen im Hinblick auf diese spezielle Aufgabe geordnet und eingegliedert, unter Umständen auch aufgeteilt werden. Die Hauptschwierigkeiten erblickt Schmalenbach in der genauen Berechnung des monatlichen Betriebsaufwandes und der Betriebsleistungen. Da die Aufwendungen und Leistungen eines Rechenabschnittes nur in ganz seltenen Fällen mit den Ausgaben und Einnahmen derselben Periode sich ausgleichen, ergeben sich zwischen diesen einzelnen Beträgen Differenzen, die es in ihrer Wirkung auf die Erfolgsrechnung zu erfassen und zu verteilen gilt.

Zunächst die Aufwandsverteilung und Erfassung. Die Aufwendungen lassen sich in Beziehung bringen einmal zur Zeit oder aber zu den produzierten Leistungen. Im ersten Falle werden die Aufwendungen anteilig auf die einzelnen Rechnungsperioden verrechnet — man denke an Transportunternehmungen —, im andern Falle werden dem Umsatz in einem Monat die Selbstkosten der während dieser Zeit verkauften Produkte gegenübergestellt. Daraus ergibt sich ohne weiteres, wie wichtig es für einen Betrieb ist, eine genaue Selbstkostenrechnung zu haben; denn nur sie kann für diese Berechnungsart als Grundlage dienen. Der Teil der Produkte, der das Rohstofflager verlassen hat, aber doch noch nicht als Fertigfabrikat Absatz gefunden hat, erscheint in der Monatsbilanz zum Selbstkostenpreis. Für die Erfassung dieser Aufwendungen schlägt nun Schmalenbach die verschiedenen Methoden vor. Im Gegensatz zu manchen Theoretikern, die bei einer kurzfristigen Erfolgsrechnung die Befundrechnung, also die körperliche Inventuraufnahme, ganz ausschließen wollen, vertritt Schmalenbach den Standpunkt, daß in manchen Fällen auch die monatliche Gewinnrechnung die Befundrechnung beibehalten muß, einmal bei Waren, deren tatsächlicher Bestand sich rasch feststellen läßt infolge besonderer Verpackung (Fässer, Kannen, Barren, Pakete) oder bei besonderer Lagerung (regelmäßige Schichtung in Regalen) oder bei Gebrauch besonderer Meßinstrumente (Gasometer). Daneben kommt die Skontration häufig zur Anwendung. Einen großen Vorzug hat die retrograde Methode, auch Sollaufwandsrechnung genannt, die Schmalenbach folgendermaßen definiert: eine Rechnung, die „von der Erzeugung oder vom Umsatz ausgehend auf Grund der durch Selbstkostenrechnung bestimmten Kostenziffern den mutmaßlichen Aufwand rückwärtsschauend berechnet“[1]). Bei dieser Methode spielt der Verrechnungspreis eine wichtige Rolle, und es ist von großem Vorteil, wenn Kalkulation und Sollaufwandsrechnung den gleichen Verrechnungspreis wählen. Das Wesen der retrograden Verrechnung besteht darin, daß der produzierten Menge von Gütern der Sollverbrauch an Aufwendungen gegenübergestellt wird. Dieser Sollaufwand pro Zeiteinheit ist gleich der Produktionsmenge mal den vorauskalkulierten

---

[1]) Schmalenbach, Dynamische Bilanz S. 309.

Selbstkosten pro Leistungseinheit. Ob wirklich dieser Sollaufwand mit dem tatsächlichen Aufwand übereinstimmt, das hängt davon ab, ob die Kalkulation richtige oder nur ungefähre Resultate zu liefern imstande ist.

Des weiteren führt Schmalenbach als Mittel der Aufwandserfassung an die Abschreibung (= direkte Verbuchungsmethode) und die Zwölftelung, Wege, die sich bei Kosten fixer und degressiver Natur eignen, soweit sie unabhängig von der Produktionsmenge sind. Besondere Erwägungen stellt der Verfasser noch bei den Saisonbetrieben an. So tritt er dafür ein, daß ein Saisonbetrieb, der nur die Hälfte des Jahres beschäftigt ist, seine Abschreibungen auch auf die wirkliche Betriebszeit verteilen muß und dabei auch noch die einzelnen Monate mit verschieden hohen Beträgen belasten soll. Die Einwendungen, die gegen diese Verrechnungsart zu machen sind, haben wir oben schon angeführt; es wird eben ein Moment der Ungenauigkeit in die Rechnung dadurch hereingebracht.

Nun gilt es noch, die Leistungen zu erfassen. „Der normale Zeitpunkt der Vollendung der Leistung an Fremde ist der Rechnungsausgang[1]).“ Die Summe der Leistungen, in Wert ausgedrückt, läßt sich also aus der Buchhaltung ermitteln auf Grund der ausgeschriebenen Rechnungen. Wollte man den aus der Buchhaltung sich ergebenden Monatsumsatz den Aufwendungen, wie wir sie auf einem der oben angeführten Wege gefunden haben, gegenüberstellen, so wäre das nur in ganz seltenen Fällen der tatsächliche Erfolg dieses Monats, eben dann, wenn keine Vorräte an Fertig- und Halbfabrikaten vorhanden sind. Dadurch, daß nicht alle Produkte im Erzeugungsmonat auch abgesetzt werden, entstehen „Durchgangswerte“. Für die kurzfristige Erfolgsrechnung, die Bilanz und Gewinn- und Verlustrechnung zusammenschließt, ist es von Wichtigkeit, diese Durchgangswerte in ihrer Auswirkung auf den Erfolg richtig zu verrechnen. Dafür kommen die Fragen der Bestandsermittlung in Betracht, wie wir sie oben aufgezählt haben.

612. Malteur, Die Zwischenbilanz als Mittel der Kontrolle und Betriebsleitung.

Dieses Werk ist unmittelbar nach dem Inflationsjahr 1923 entstanden, und so ist es wohl begreiflich, daß es bei den von Tag zu Tag sich ändernden Geldwerten als ein erstrebenswertes Ziel erschien, eine kurzfristige Erfolgsrechnung aufzumachen, die es ermöglichte, den Erfolg zu ermitteln. Mußte doch jeder Unternehmer danach trachten, die Substanz seines Unternehmens so gut es nur ging, in Sachwerten zu erhalten.

Malteur spricht von Zwischenbilanz und gibt dafür folgende Defi-

---

[1]) Schmalenbach, Dynamische Bilanz S. 124.

nition: „Die Zwischenbilanz ist eine während des Geschäftsjahres freiwillig oder auf Grund gesetzlicher Vorschriften aufgestellte Bilanz[1]).“ Damit ist schon das wesentliche Merkmal gekennzeichnet. Malteur denkt in erster Linie an eine Bilanz, die auf einer anderen Grundlage aufgebaut ist als die Jahresbilanz. Ein Haupterfordernis der Zwischenbilanz ist es, daß eine körperliche Inventur durch die Ergebnisse, die die Buchhaltung liefert, ersetzt wird. Wenn wir bedenken, daß die Inflation noch wie ein Schreckgespenst dem Verfasser vor Augen stand, dann werden wir auch verstehen, daß er als Bewertungsmaßstab den Wiederbeschaffungspreis des Umsatztages bzw. Bilanztages fordert. Die mit der Bilanz verknüpfte Erfolgsrechnung hat ausschließlich den erzielten Umsatzgewinn zu erfassen, während die Bilanz auch die Wertveränderungen am ruhenden Vermögen zahlenmäßig zum Ausdruck bringen soll. Auf Gewinn- und Verlustkonto will Malteur das „geschäftswesentliche Betriebsergebnis“ ermitteln, indem er dem negativen Betriebserfolg den positiven gegenüberstellt und auf der Aufwandsseite noch „die Aufwendungen, die über die Bereitstellung des Gutes für den Umsatz hinaus erfolgen“, hinzurechnet. Zu dieser Erfolgsrechnung des Betriebes kommen noch „die geschäftsunwesentlichen Veränderungen des Eigenkapitals“. Sie erst ergänzen diese Rechnung zur Gewinn- und Verlustrechnung der Unternehmung. Malteur spricht von Zwischenbilanz, nicht von kurzfristiger Erfolgsrechnung, und er sieht darin eine Verquickung von Bilanz und Gewinn- und Verlustrechnung. Da er die Bilanz mit in den Kreis seiner Betrachtungen zieht, ist es verständlich, daß er einen großen Teil seiner Ausführungen der mengen- und wertmäßigen Ermittlung der Bestände widmet.

Den Kernpunkt der Zwischenbilanz sieht Malteur in der Bestandsermittlung der Vorräte. Er zeigt verschiedene Wege, mittels deren man ohne körperliche Inventur die Bestände ziemlich schnell und genau feststellen kann. Davon haben wir ja oben schon gesprochen und auch gezeigt, welchen Grad von Genauigkeit die einzelnen Methoden beanspruchen können. Maßgebend für diese Bestandsrechnung ist, daß möglichst wenig Arbeits- und Zeitaufwand dazu nötig ist. Ein bestimmtes Rezept dafür, welcher Weg am besten und schnellsten zum Ziele führt, läßt sich nicht geben; denn mit der Art des einzelnen Betriebes wechselt auch die Methode der Bestandsermittlung. Im allgemeinen glaubt Malteur sagen zu können, daß für eine Fabrikbuchhaltung die Zerlegung der Konten am besten dem gewünschten Zweck dient, während im Handelsbetrieb eher Skontren und Lagerbücher am Platze sind.

In zweiter Linie, aber deshalb nicht weniger wichtig, folgt die Bewertungsfrage. Infolge der großen Schwankungen, die der Geldwert während der Jahre der Inflation erfahren hat, sucht Malteur nach einer

[1]) Malteur, Die Zwischenbilanz S. 13.

festen Sacheinheit als Rechnungsgrundlage. Freilich hätte die Sacheinheit vor der veränderlichen Geldeinheit einen gewaltigen Vorzug; doch liegt die Schwierigkeit darin, daß sich in einem Unternehmen, das mit den verschiedensten Gütern zu arbeiten hat, nicht eine eindeutige Sacheinheit finden läßt, die man an Stelle der Werteinheit verwenden könnte. Malteur kommt nun auf der Suche nach einem Wert, der es ermöglichen soll, die Substanz der Unternehmung zu erhalten und den Erfolg zu errechnen, zu dem Ergebnis, daß der Tageswert, der die Wiederbeschaffungskosten deckt, der beste und sicherste Bewertungsmaßstab sei. Die Bilanz gibt so eine richtige Vermögensübersicht, was ja Malteur auch von der Zwischenbilanz verlangt, und die Erfolgsrechnung ist richtig, weil durch diesen Wertansatz die Vermögenssubstanz des Unternehmens erhalten bleibe.

Malteur gibt nun praktische Winke, wie die Buchhaltung im Hinblick auf die Zwischenbilanz zu organisieren sei. Zunächst stellt er Kontenpläne für einzelne Unternehmungen auf; denn durch eine zweckmäßige Aufteilung der Konten kann man die Ergebnisse der einzelnen Abteilungen des Betriebes bekommen, die für einen Vergleich sehr wertvoll sind. Ein weiteres Kapitel widmet Malteur den Ergänzungsposten, den Vor- und Nachverrechnungen. Welchen Einfluß sie auf die Genauigkeit der kurzfristigen Erfolgsrechnung ausüben, haben wir oben gesehen. Endlich behandelt er noch die Frage, wie die Buchhaltung einzurichten sei, um eine schnelle und genaue Bestandsermittlung ohne Inventur zu ermöglichen.

In diese Gruppe der Theoretiker, die von der Bilanz ausgehen, wären noch verschiedene einzureihen, wie Schaer, Walb, Leitner, Kalveram. Wir wollen uns aber mit den angeführten Beispielen begnügen und jetzt die andere Richtung betrachten.

62. Von Buchhaltung und Kalkulation ausgehend.

621. Fischer, Kurzfristige Abrechnung. (Manuskript!)

Im Gegensatz zu den eben angeführten Autoren, die von der Bilanz ausgehen, versuchen es in neuester Zeit andere von der Buchhaltung und Kalkulation aus an das Problem heranzutreten. Zunächst möchten wir Fischer nennen, der dazu Stellung nimmt.

Da Fischer die Selbstkostenrechnung und die Buchhaltung als Ausgangspunkt wählt, so ist es wohl verständlich, daß er sein Hauptaugenmerk darauf richtet, die Kosten, wie er die Aufwendungen nennt, und die Erträgnisse zu untersuchen und auf die einzelnen Rechnungsperioden aufzuteilen. Vorauszuschicken ist noch, daß Fischer seine Ausführungen auf den Industriebetrieb beschränkt.

Die Zahlen, die wir für die kurzfristige Erfolgsrechnung benötigen, sind die Aufwendungen und Erträgnisse als Komponenten des Erfolges.

Zum Zwecke einer genauen Kalkulation wird eine Kostenkartei geführt, aus der wir die Beträge der Aufwendungen entnehmen können. Die Erlöse finden wir in der Buchhaltung verzeichnet. Fischer sieht das Wesen der kurzfristigen Erfolgsrechnung darin, Kosten und Erträgnisse auf ihre zeitliche Wirkung hin zu untersuchen und dann auf die Rechenperioden zu verteilen. Darum gliedert er in regelmäßig auftretende Kosten und Erträgnisse und in unregelmäßig auftretende. Daraus resultiert dann ein ordentlicher und ein außerordentlicher Erfolg.

Betrachten wir, was Fischer über die Aufteilung von Kosten und Erträgnissen ausführt, und zwar zunächst die Kostenaufteilung nach Zeitperioden. Die Kalkulationsabteilung ist es, die diese Arbeit zu leisten hat. Die Aufwendungen eines Industriebetriebes setzen sich bekanntlich zusammen aus Material-, Lohn-, Spezial- und Generalkosten. Verhältnismäßig einfach ist die zeitliche Aufteilung von Material- und Lohnkosten — was wir nach Werner als Kosten bezeichnen —, weil die Zeit des Verbrauches mit der Entstehung zusammenfällt. Schwierigkeiten aber tauchen auf bei den Spezial- und Generalkosten, den „Unkosten“ nach Werner. Fischer trifft nun eine weitere Unterscheidung in periodische und zwischenzeitliche Kosten. Unter periodischen versteht er solche, die eine monatliche Auswirkung zeigen, das heißt solche Kosten, die innerhalb einer Rechnungsperiode auftreten und folglich auch ohne weiteres auf diesen Abschnitt zu verrechnen sind. Die zwischenzeitlichen Kosten dagegen haben eine längere Wirkungsdauer, sie reichen über mehrere Perioden hin. Diese zwischenzeitlichen Kosten aufzuteilen ist nun die Schwierigkeit, die es zu überwinden gilt. Auch diese zwischenzeitlichen Kosten lassen sich in verschiedene Gruppen einordnen. Fischer unterscheidet:

1. Solche zwischenzeitliche Kosten, die auf eine Zeitdauer begrenzt sind. Er denkt dabei z. B. an Versicherungsprämien, die für 5 Jahre vorausbezahlt worden sind. Der Aufteilungsschlüssel ist hier einfach die Zeit.
2. Solche Kosten, die mit der Produktion „gekoppelt“ sind. Hier liegt es nahe, diese Kosten auf die Länge der Produktionsdauer anteilig zu verrechnen.
3. Solche Kosten, die mit der Produktion in keinem Zusammenhang stehen, wie Diebstahl, Unglücksfälle, Naturereignisse.

In der Aufteilung dieser zwischenzeitlichen Kosten sieht Fischer ein Hauptproblem der kurzfristigen Erfolgsrechnung, und er macht verschiedene Vorschläge, wie sich diese Kosten zu gleichen Anteilen den einzelnen Perioden zurechnen lassen, weil er einer „variablen“ Verteilung ablehnend gegenübersteht. Dabei zeigt er ein für die Praxis brauchbares, allerdings mit viel Schreibarbeit verbundenes Verfahren, das in der deutschen Schiffbau-A.G. Swinemünde zur Durchführung gelangt ist.

Wie steht es nun mit der Aufteilung der Erträgnisse auf die Zeitperioden? Bei den meisten Fabrikationszweigen läßt sich die erzielte Monatsleistung nach dem Umsatz errechnen. Fischer identifiziert in diesem Zusammenhang Umsatz und Absatz. Demnach bestehen die Erträgnisse für die kurzfristige Erfolgsrechnung in der Summe der auf Debitorenkonto verbuchten Rechnungsbeträge unter Berücksichtigung von Rücksendungen. Abzüge für Skonto und Rabatt verbucht man auf ein eigenes Konto. Die übrigen Erträgnisse, die nichts mit der Fabrikation zu tun haben, wie Kursgewinn, will Fischer aus der Buchhaltung errechnen. Schwierigkeiten bereitet die Erträgnisverteilung bei solchen Betrieben, die einen langen Produktionsprozeß für ihre Objekte benötigen, wie es z. B. beim Schiffbau der Fall ist. Da aber hier meist ratenweise Vorauszahlungen üblich sind, läßt sich die Rechnung so vereinfachen, daß man den Teilumsatz entsprechend dem Zahlungseingang verrechnet. Außerordentliche Erträgnisse (Altmaterialerlös, Prozeßgewinn), die in keinem Zusammenhang mit der Produktion stehen, werden auf die Perioden verrechnet, auf die sie anfallen.

Sehr bemerkenswert ist es, daß Fischer eine Übereinstimmung von Buchhaltung und kurzfristiger Erfolgsrechnung nicht für nötig erachtet, trotzdem er, soweit es die Erträgnisse berührt, doch auf der Buchhaltung aufbaut.

Die zwischenzeitlichen Kosten und Erträgnisse stören am meisten die Genauigkeit der kurzfristigen Erfolgsrechnung. Daher ist es sehr wichtig, wie Fischer meint, daß möglichst viele Kosten und Erträgnisse periodisch sind. Durch Anwendung von festen Maßstäben will er die zwischenzeitlichen Kosten gewissermaßen zu periodischen machen. Im Gegensatz zu Schmalenbachs retrogradem Verfahren schlägt Fischer ein „antizipatives Verrechnen" vor für solche zwischenzeitliche Kosten, die rückwärts reichen. Jeder Monat wird im voraus mit einem Pauschalbetrag belastet und der restliche Spitzenbetrag wird in der letzten Zwischenbilanz verrechnet. Unseres Erachtens läßt sich diese theoretische Forderung nicht so leicht in die Praxis umsetzen; denn die Schwierigkeit liegt eben darin, die Höhe des Pauschalsatzes zu bestimmen.

Des weiteren untersucht Fischer die einzelnen Kosten und Erträgnisse, um zu zeigen, wie sich alle zeitlich aufteilen lassen, allerdings nur in der Theorie. Die außerordentlichen Ereignisse schließt er dabei begreiflicherweise aus. Bei den produktiven Löhnen schlägt er vor, die in einem Monat ausbezahlte Lohnsumme auch tatsächlich diesem Monat zur Last zu schreiben. Es mache nichts aus, daß ein Monat mit vier Wochenlöhnen, ein anderer mit fünf belastet werde, gleicht es sich doch beim Vierteljahr wieder aus. Wie schon oben erwähnt (Seite 25), können wir dieser Ansicht im Interesse einer kurzfristigen Erfolgsrechnung nicht beipflichten, wir müssen eine genauere Aufstellung fordern. Auch in den Ausführungen über Gratifikationen können wir Fischer nicht zustimmen. Er macht den Vorschlag, die Gratifikationen entweder dem Monat zu belasten, in dem sie entstanden sind, oder sie auf einen möglichst kurzen Zeitraum aufzuteilen, etwa auf drei Monate. Einen Grund für dieses Vorgehen können wir nicht finden. Wenn schon eine Verteilung gewählt wird, dann ist es unserer Meinung nach das gegebenste, alle zwölf Monate im gleichen Maße dazu heranzuziehen. Leichter durchführbar aber wird es sein, nur den entsprechenden Monat mit dem ganzen Betrag zu belasten. Tantiemen sind dem Entstehungsmonat zu verrechnen oder auf Grund früherer Erfahrungssätze durch Antizipation aufzuteilen. Auch hier gilt das oben über Gratifikation Gesagte.

Endlich spielen noch die allgemeinen Unkosten eine Rolle. Fischer faßt den Begriff „allgemeine Unkosten" ganz eng und versteht darunter nur die wenigen Kosten, die sich einzeln nicht erfassen lassen. Wegen ihrer in den meisten Fällen geringen Höhe schreibt er sie ohne weitere Prüfung den einzelnen Monaten, in denen sie entstanden sind, zur Last.

Auch bei der Aufteilung von Erträgnissen, soweit sie nicht auf bestimmte Perioden treffen, begegnen uns manche Schwierigkeiten. Diskonterlöse bei Wechseln, Zinseinnahmen aus ausgeliehenem Kapital bilden periodische Erträgnisse, die sich nach der Zeit ohne weiteres aufteilen lassen. Wie steht es dagegen bei Dividenden von unsicherer Höhe und bei Bankzinsen? Fischer empfiehlt auch hier eine Aufteilung auf Grund einer Berechnung mit einem durchschnittlichen Rentabilitätsfaktor. Wir sind der Ansicht, daß das eine ungenaue Rechnung ergibt, und so dürfte es zweckdienlicher sein, die Dividende in ihrer ganzen Höhe als außerordentliches Erträgnis dem Monat zuzuschreiben, in dem die Auszahlung erfolgt.

Über die Konjunkturerfolge geht Fischer sehr rasch hinweg. Nach seiner Darstellung treten die Konjunkturerfolge in der Lagerbuchhaltung hervor als Differenz zwischen dem dort vermerkten Einkaufspreis und dem am Bilanztag geltenden Marktpreis, natürlich unter Berücksichtigung der mengenmäßigen Zu- und Abgänge. Welche Schwierigkeiten die Fixierung eines Wertes mit sich bringt, darauf haben wir schon oben (Seite 43) hingewiesen. Zudem sehen wir gerade in der scharfen Trennung von Umsatz- und Konjunkturerfolg mit eine Kernfrage der kurzfristigen Erfolgsrechnung, so daß wir diese Frage nicht so einfach lösen zu können glauben, wie hier versucht worden ist. Die sich ergebende Differenz zwischen Einkaufs- und Marktpreis, eben den Konjunkturerfolg, glaubt Fischer „leicht" ohne Inventur errechnen zu können. Sie ist nur insoweit „leicht" festzustellen, als man die Genauigkeit einer Lagerbuchhaltung, die noch dazu mit Werten rechnet, die vom Markte abhängig sind, nicht in Zweifel zieht. Nehmen wir das oben (Seite 34) angeführte Beispiel vom Kohlenlager, so zeigt es sich, daß der durch die Einflüsse des Marktes herbeigeführte Erfolg doch nicht ganz so einfach zu bestimmen ist.

Kursdifferenzen, die wir auch unter Konjunkturerfolge subsummieren müssen, sofern es sich nicht um eine Veräußerung von Effekten handelt, bei der der Gewinn oder Verlust klar zum Vorschein kommt, will Fischer nicht in der monatlichen Erfolgsrechnung erfassen. Dann liegt aber auch kein Grund vor, die Konjunkturerfolge monatlich genau zu ermitteln und in der Erfolgsrechnung zu berücksichtigen.

Den Hauptposten auf der Erträgnisseite bildet unter normalen Verhältnissen der Verkaufserlös. Für die kurzfristige Erfolgsrechnung haben wir darunter nicht den wirklichen Zahlungseingang zu verstehen, sondern lediglich die auf Debitorenkonto verbuchten Rechnungsbeträge. Es braucht nicht erst abgewartet zu werden, bis der Gegenwert der Leistung in Geldform der Unternehmung zugeflossen ist. Die Abzüge für Skonto werden zweckmäßig auf einem eigenen Konto gesammelt und als periodische Kosten behandelt.

Aus diesen Ausführungen geht deutlich hervor, daß es zwar theoretisch möglich ist, fast alle Kosten und Erträgnisse zeitlich aufzuteilen, aber in der Praxis werden sich diese extremen Fälle kaum verwirklichen lassen. Fischer will z. B. Verluste, die durch den Konkurs eines Schuldners entstanden sind, auf eine längere Zeitperiode verrechnen. Daß hier bei der Festsetzung der einzelnen Monatsquote und der Zahl der zu belastenden Monate der Willkür Tür und Tor geöffnet ist, das liegt klar auf der Hand. Ebenso macht Fischer den Vorschlag, Tantiemen, deren Höhe sich erst aus dem Jahresergebnis mit Bestimmtheit festsetzen läßt, durch Antizipation zeitlich aufzuteilen. Wollten wir so vorgehen, so würde die kurzfristige Erfolgsrechnung nur noch eine Aneinanderreihung von transitorischen und antizipativen Posten, die infolge dieser vielen Verrechnungen sehr umständlich würde und dabei doch kein genaues Ergebnis bringen könnte.

Schreibt man, wie Fischer es in seiner Arbeit tut, der kurzfristigen Erfolgsrechnung die Aufgabe zu, die Entwicklung der Rentabilitätsfaktoren des Produktionsprozesses zu verfolgen, so gehören unseres Erachtens nur die Aufwendungen und Erträgnisse in die monatliche Erfolgsrechnung, die auch tatsächlich mit dem Produktionsgang in Zusammenhang stehen. Also scheiden Konjunkturerfolge am ruhenden Vermögen und Dividende aus Effekten, um nur zwei Beispiele zu nennen, ganz aus. Darin unterscheidet sich gerade die kurzfristige Erfolgsrechnung von der Jahreserfolgsrechnung, die alle Erfolgsquellen zu sammeln und alle Aufwandsposten exakt zu erfassen hat.

622. Müller-Bernhardt, Die getrennte doppelte Erfolgsrechnung.

Einen ähnlichen Weg schlägt Müller-Bernhardt vor. Er geht von den zwei sogenannten „Erfolgsgleichungen" aus. Der Erfolg läßt sich danach errechnen einmal als Differenz zwischen Endbestand und Anfangsbestand; Endbestand ÷ Anfangsbestand = Erfolg. Auf dieser Formel baut die Bilanz auf; am Ende einer Rechnungsperiode wird mittels Inventuraufnahme der Endbestand festgesetzt, den Anfangsbestand entnehmen wir der letzten vorhergehenden Inventur, also ergibt die Differenz daraus unschwer den Erfolg.

Die andere Erfolgsrechnungsmethode basiert auf der Gleichung: Ertrag ÷ Aufwand = Erfolg. Es soll nun geprüft werden, „ob und inwieweit die Praxis ein Interesse an der Ausbildung der Verselbständigung der Gewinn- und Verlustrechnung und mithin an der getrennten doppelten Erfolgsrechnung hat[1])". Unseres Erachtens hat die Praxis vom Gesichtspunkt der kurzfristigen Erfolgsrechnung aus gesehen ein lebhaftes Interesse daran, die Gewinn- und Verlustrechnung loszulösen von den Fesseln der Inventur und Bilanz und sie zu verselbständigen. Wäre diese Frage so eindeutig, dann könnte die Durchführung der kurzfristigen Erfolgsrechnung auf keine allzu großen Schwierigkeiten stoßen. Die Kernfrage ist hier die: Wie lassen sich Aufwand und Ertrag genau erfassen ohne Zuhilfenahme einer Inventur und Bilanz? Zu diesem Zweck ist es ein dringendes Bedürfnis, daß wir zunächst den Aufwand direkt erfassen können, nicht erst auf mittelbarem Wege über die Gleichung: Anfangsbestand ÷ Endbestand = Aufwand. Die beste Berechnungsgrundlage ist eine gut ausgebildete Selbstkostenrechnung, die auf einer genau geführten Betriebsbuchhaltung aufgebaut ist. Aber selbst dann noch ist die direkte Kostenerfassung keine „ganz exakte Rechnung", wie Müller-Bernhardt selbst zugibt. Es ist auch zu bedenken, von welcher Bedeutung es für die Genauigkeit der kurzfristigen Erfolgsrechnung ist, ob die Zahlen einer Vorkalkulation oder einer Nachkalkulation entnommen sind. Letztere können natürlich mehr Anspruch auf Zuverlässigkeit erheben, aber es kann nicht jeder Betrieb eine genaue — und nur eine solche erfüllt den hier geforderten Zweck — Nachkalkulation anstellen. So müssen wir also unsere Ausführungen auf die Nachkalkulation beschränken.

Müller-Bernhardt faßt den Begriff Aufwand etwas zu eng, wenn er sagt: Aufwand sind „sämtliche Kosten, die zur Herstellung und zum Vertrieb der Erzeugnisse aufgewendet werden müssen"[2]). Nur diesen „Umsatzaufwand" will er bei seiner selbständigen Erfolgsrechnung erfassen, nicht aber die „außerplanmäßigen Aufwendungen". Diese letzteren Kosten sind es gerade, die eine genaue Erfolgsrechnung so außerordentlich erschweren; doch sind wir der Ansicht, daß Schwund, Diebstahl und sonstige Verluste durch Umstände, die mit dem Produkt in keiner Beziehung stehen, auch als Aufwendungen zu rechnen sind, die sich in der Erfolgsrechnung auswirken.

[1]) Müller-Bernhardt, Die getrennte doppelte Erfolgsrechnung S. 4.
[2]) Müller-Bernhardt, a. a. O. S. 5.

Unter Ertrag versteht Müller-Bernhardt die Summe der für die umgesetzten Waren ausgestellten Rechnungen. Er setzt also auch Umsatz gleich Absatz. Theoretisch ist diese Bestimmung der Ertragsziffer sehr einfach zu finden, in der Praxis schleichen sich aber bei dieser Art der Berechnung viele Ungenauigkeiten ein, die sich zahlenmäßig schwer oder gar nicht erfassen lassen. Abzüge für Skonto und Rabatt, Diskontspesen bei Wechseln sind solche Posten, die zeigen, daß ein Unterschied besteht zwischen Ertrag und Summe der Rechnungsbeträge. So macht demnach die genaue Ermittlung des Ertrags auch größere Schwierigkeiten, als es auf den ersten Blick erscheinen möchte. Ferner lassen sich bei dieser selbständigen Erfolgsrechnung die Konjunkturerfolge nicht erfassen, weil alle Bestände unberücksichtigt bleiben. Und nur bei den Beständen zeigt sich eine Wertschwankung. Darüber ist natürlich Müller-Bernhardt auch nicht ohne weiteres hinweggegangen; aber er ist der Ansicht, daß eine vollkommene Erfolgsrechnung den Betriebserfolg vom Spekulationserfolg lostrennen muß und daß es für eine kurzfristige Erfolgsrechnung genügt, allein den Umsatzerfolg zu errechnen. Ja, er stellt es sogar in Frage, ob ein Markterfolg überhaupt anzuerkennen sei und dann auch in der Rechnungslegung in Erscheinung trete. Wir sehen also, daß die von Müller-Bernhardt geforderte selbständige Gewinn- und Verlustrechnung nichts anderes ist als eine Gegenüberstellung von Erlös und Kosten, eine Aufwands- und Ertragsrechnung.

Vom Standpunkt der kurzfristigen Erfolgsrechnung aus gesehen wäre es sehr zu begrüßen, wenn es praktisch durchführbar wäre, ohne Inventur und Bilanz eine selbständige genaue Erfolgsrechnung aufzumachen. Mag auch die Selbstkostenrechnung, die doch die Basis dafür bilden muß, noch so peinlich geführt werden, es werden sich stets Differenzen ergeben, die sich rechnerisch nicht erfassen lassen, sondern die nur bei einer körperlichen Inventur zum Vorschein kommen.

63. Lösung mit Hilfe der Statistik.

Th. Piltz, Monatliche Erfolgsrechnung in einer Eisengroßhandlung. (Beiträge zur Theorie und Praxis der monatlichen Erfolgsrechnung in Wirtschaftsbetrieben.)

Angesichts der hohen Kosten und der Mehrarbeit, die eine kurzfristige Erfolgsrechnung stets mit sich bringt, kam man auf den Gedanken, an Stelle einer Aufwands- und Ertragsrechnung, die sich in den Rahmen der bestehenden Buchhaltung einfügen muß, nur eine Statistik aufzumachen. Zumeist denkt man bei der Statistik an eine graphische Darstellung. Eine solche zeichnerische Lösung kann wegen ihrer Ungenauigkeit niemals als kurzfristige Erfolgsrechnung verwendet werden, wohl aber eine Statistik in Form von Zahlentabellen.

Einen solchen Versuch, mit Hilfe statistischer Zahlenreihen das

Problem der kurzfristigen Erfolgsrechnung zu lösen, bedeutet die oben genannte Arbeit von Piltz.

Die Statistik allein kann freilich nicht zum Ziele führen, sie muß auf der Buchhaltung aufbauen, die Piltz deshalb als „das Rückgrad der monatlichen Erfolgsrechnung“ (Seite 107) bezeichnet. Piltz nennt drei Arten von Statistiken, die für eine statistische Lösung der kurzfristigen Erfolgsrechnung als Unterlage dienen müssen. Die Umsatzmengenstatistik hat den Umsatz, der in einem bestimmten Zeitraum getätigt worden ist, festzustellen. Die Lagerbestands- und Lagerbewegungsstatistik erfaßt alle Bewegungen der Lagerbestände und ermittelt so die Endbestände, mit deren Hilfe die Aufwendungen des betreffenden Zeitabschnitts errechnet werden können. Endlich führt Piltz noch die Unkostenstatistik an und bezeichnet als ihre Aufgabe „die Zerlegung der im Monat aufgelaufenen Unkosten in bestimmte Unkostenpositionen und darüber hinaus die Aufteilung auf die einzelnen Abteilungen“ (Seite 115). Diese Aufteilung auf die Zeit und die Abteilungen geschieht an Hand von Schlüsselzahlen.

Auf Grund dieser drei Statistiken läßt sich dann erst die „Gewinn- und Verluststatistik“, also die eigentliche kurzfristige Erfolgsrechnung, aufstellen, für die Piltz das folgende Schema gibt (Seite 117).

Nominalbruttogewinn
    aus Lager:
    aus Werk:
    aus Konsignation: ______________________
        zusammen:
Scheingewinn:
    Umsatzbrutto- { Gewinn: / Verlust:
    Unkosten: ______________________
    Umsatzrein- { Gewinn: / Verlust:
    ══════════════════════
    Umsatzrein- { Gewinn / Verlust } in % vom Umsatz: . . . .
    Unkosten in % vom Umsatz: . . . .
    Unkosten in % vom Umsatzbrutto- { Gewinn: . . . . / Verlust: . . . .

Die Nominalbruttogewinne entsprechen den Monatssalden der Erfolgskonten. Zu diesem Zweck muß in der Buchhaltung eine scharfe Trennung in Bestands- und Erfolgskonten durchgeführt sein. Über die Schwierigkeiten, die sich dabei ergeben, haben wir oben schon gesprochen.

Von der Summe der Bruttogewinne werden die Scheingewinne abgezogen. Diesen Scheingewinn errechnet Piltz mit Hilfe der „schwarzen" und der „roten Zahl".

Die „schwarze Zahl" ist gleich der Ausgangsmenge mal Lagerdurchschnittspreis. Diese Zahl wird der Lagerbestands- und Lagerbewegungsstatistik entnommen. In dieser Zahl ist noch der Scheingewinn mitenthalten, und um diesen zu eliminieren, wird die „rote Zahl" eingeführt. „Die rote Zahl, die in der Statistik errechnet wird, dient im Gegensatz zur schwarzen Zahl (die der Bestandsermittlung dient) der Ermittlung des Wertes der ausgegangenen Mengen zum Zweck der Erfolgsrechnung" (Seite 99). Die Ermittlung der „roten Zahl" begegnet größeren Schwierigkeiten, weil die abgesetzten Waren verschiedenen Beständen entnommen sein können, einmal dem spekulativen Vorrat und dann dem eisernen Bestand. Demnach ist die „rote Zahl": Menge mal Durchschnittspreis des spekulativen Vorrats oder Menge mal Tagespreis des spekulativen Vorrates oder Menge mal Tagespreis im Beschaffungsmarkt, wenn die Waren dem eisernen Bestand entnommen sind. Natürlich ist auch eine Verquickung beider Fälle möglich. Der Durchschnittspreis des spekulativen Vorrats wird am Ende jeden Monats auf Grund der Statistik festgestellt. Für Waren, die den eisernen Bestand verringern, fordert Piltz in Anlehnung an die organische Bilanz als Wertmaßstab den Wiederbeschaffungspreis, zu dem der eiserne Bestand wieder aufgefüllt werden kann. „Rote Zahl minus schwarze Zahl ist gleich Scheingewinn" Seite 102). Mit Hilfe dieser Formel wird der Scheingewinn eliminiert.

In der Buchhaltung wird nur mit der „schwarzen Zahl" gerechnet. Dabei ergibt sich dann auf den Erfolgskonten der „Nominalbruttogewinn". „Erst durch eine Korrektur dieses Nominalbruttogewinnes in Höhe des Scheingewinnes mit Hilfe der Statistik wird der eigentliche Umsatzbruttogewinn ermittelt" (Seite 102). Von diesem Umsatzbruttogewinn werden die Unkosten, die sich laut Unkostenstatistik ergeben haben, in Abzug gebracht, und so bleibt als Rest der Umsatzreingewinn, den zu errechnen Aufgabe der kurzfristigen Erfolgsrechnung ist. Der praktischen Durchführung dieser Rechnung dient das obige Schema.

Aus Gründen der Vergleichbarkeit der einzelnen Perioden wird der Umsatzreinerfolg in Beziehung gesetzt zum Umsatz; ferner werden die Unkosten in Prozenten des Umsatzes und in Prozenten des Umsatzbruttogewinns angegeben.

Piltz hat hier zum erstenmal den Versuch gemacht, auf statistischem Wege die mengenmäßige Bestandsermittlung mit der wertmäßigen zum Zwecke der Erfolgsrechnung zu verbinden. Aber diese Lösung kann nicht ganz befriedigen. Aus der kurzfristigen Erfolgsrechnung soll deutlich zu ersehen sein, aus welchen Komponenten der Erfolg resultiert, daher müssen die Aufwendungen und Erträgnisse einander einzeln gegenübergestellt werden. Ferner bedeutet diese statistische Lösung gegenüber einer genauen Aufwands- und Ertragsrechnung keine allzu große Vereinfachung und vor allem kaum eine Ersparnis an Arbeit und Zeit.

In der Praxis sind schon Versuche angestellt worden, an Stelle einer vollständigen Aufwands- und Ertragsrechnung nur einen Teil des Erfolges, und zwar die Aufwendungen allein statistisch zu erfassen. Aber auch diese Zahlen können nur einer gut geführten Buchhaltung entnommen werden. Eine Statistik, die nicht auf den Aufzeichnungen der Buchhaltung basiert, ist wertlos; sie liefert nur ein ungenaues Ergebnis, das einer Schätzung gleichzuachten ist. Ferner ist gegen die Aufwandsstatistik, die nur die negative Komponente des Erfolges erfaßt, einzuwenden, daß sie eben lediglich eine Statistik, aber keine kurzfristige Erfolgsrechnung ist. Eine solche muß einen Vergleich der Aufwendungen und Erträgnisse gestatten.

Zusammenfassend läßt sich sagen: Es sind zwar Versuche gemacht worden, die kurzfristige Erfolgsrechnung auf rein statistischem Wege durchzuführen, aber auf solche Weise kann dieses Problem nicht befriedigend gelöst werden.

7. Kurzfristige Erfolgsrechnung und Jahreserfolgsrechnung.

Es liegt nahe, noch auf die Beziehungen zwischen kurzfristiger Erfolgsrechnung und Jahreserfolgsrechnung hinzuweisen. Würden die kurzfristigen Erfolgsrechnungen genau nach denselben Grundsätzen aufgemacht wie die Jahreserfolgsrechnung, so müßte die letzte Monatsrechnung mit der Jahresrechnung vollständig übereinstimmen. Wir haben aber schon Gründe angeführt, die eine solche Kontinuität nicht ermöglichen. „Kurzfristige Erfolgsrechnung ohne Inventur ist das Ziel[1]).“ Für die Jahresschlußbilanz und ihre Erfolgsrechnung ist die Grundlage eindeutig bestimmt, eben die körperliche Inventur, während für die kurzfristige Erfolgsrechnung alle möglichen Ersatzmethoden zur Anwendung kommen, um mit dem geringsten Aufwand an Zeit die erfolgsbeeinflussenden Posten zu ermitteln. Die sich dabei ergebenden Differenzen zwischen den wirklichen Beständen und den nach den Büchern ausgewiesenen müssen auf Grund der Inventurergebnisse in der Jahreserfolgsrechnung nachgebucht werden. In der Bewertungsfrage weichen beide Rechnungen voneinander ab; denn die monatliche Erfolgsrechnung sieht darauf ein möglichst richtiges Ergebnis zu bekommen, handelt es sich doch um eine innerbetriebliche Rechnung. Die Jahresschlußbilanz mit Gewinn- und Verlustrechnung muß dagegen der Öffentlichkeit unterbreitet werden und dadurch wird die Bewertung begreiflicherweise beeinflußt. Wie schon oben erwähnt, können die einmaligen Aufwen-

[1]) Leitner, Wirtschaftslehre der Unternehmung S. 350.

dungen und Erträgnisse mit Bestimmtheit erst in der Jahresbilanz verbucht werden. Ist durch Antizipation versucht worden, den einzelnen Monaten bestimmte Beträge zu belasten, so wird die Jahreserfolgsrechnung erst das Endergebnis feststellen und die Spitzenbeträge einsetzen können. Ganz besondere Schwierigkeiten bereiten die Zinsen. In manchen Unternehmungen werden während des Jahres für das eigene Kapital Zinsen berechnet, die in der kurzfristigen Erfolgsrechnung als erfolgsvermindernde Posten eingesetzt werden. Am Jahresende aber müssen in solchen Fällen die Zinsen zurückgebucht werden.

Die Steuern können erst am Ende des Jahres in ihrer ganzen Höhe ermittelt werden und erscheinen demnach erst in der Jahreserfolgsrechnung. Die stillen Reserven, die in der kurzfristigen Erfolgsrechnung aus Gründen der Genauigkeit aufgelöst worden sind, treten in der Jahresbilanz ohne weiteres wieder zutage. Auch die Frage der Reserven haben wir hier zu erörtern. Walb verwirft vom Standpunkt der genauen Erfolgsrechnung aus die offenen Reserven[1]. „Die Erfolgsrechnung entspricht alsdann wegen der Abschiebung der Ausgaben auf ein früheres Betriebsjahr den tatsächlichen Verhältnissen nicht. Diese Reserven sind aus der Vorsorge für spätere Zeiten entstanden." Walbs Ansicht verdient freilich der Würdigung, denn durch die Zuwendungen an die Reserven wird von Erfolg des Jahres geschmälert, aber die Praxis wird sich trotz dieser theoretischen Einwände nicht von ihrer Gewohnheit abbringen lassen. Außerdem schreibt das Gesetz für bestimmte Gesellschaftsformen die Legung der Reserven vor. Es ist praktisch nicht durchführbar, am Ende jeden Monats auf Grund der monatlichen Erfolgsrechnungen einen bestimmten Betrag den Reserven zuzuweisen; denn die Dotierung der Reserven kann und muß nach § 262 HGB. für bestimmte Gesellschaftsformen nur aus dem jährlichen Reingewinn erfolgen.

Auch die Gewinnverteilung darf nach § 215 HGB. nur „aus der jährlichen Bilanz" erfolgen. Das ist auch verständlich, wenn man bedenkt, daß die monatlichen Erfolgsrechnungen nicht alle Verhältnisse berücksichtigen können, die die Jahreserfolgsrechnung zu erfassen hat. Zu nennen wäre nur der Wertveränderungserfolg. Die Jahreserfolgsrechnung, die den Gesamterfolg feststellen will, verbucht auch sämtliche Wertveränderungen, die durch die veränderte Marktlage oder sonstige Außeneinflüsse eingetreten sind, und kann sich nicht allein mit den Umsatzerfolgsziffern begnügen, während doch für die kurzfristige Erfolgsrechnung nur der Umsatzerfolg ausschlaggebend ist, der das Anwachsen der Erfolgsziffer überwachen soll. Geldmacher sieht in der oben erwähnten Arbeit über die „Grundbegriffe des betrieblichen Rechnungswesens" (Seite 17) einen Hauptunterschied zwischen Jahres- und

[1]) Walb, Erfolgsrechnung S. 150.

Monatserfolgsrechnung darin, daß „die Jahreserfolgsrechnung auch den neutralen Aufwand und den neutralen Erlös einbezieht“. Er nennt für die Berechnung des „Monatserfolgs“ zwei Formeln, die je nach der Stellung der kurzfristigen Erfolgsrechnung im Gefüge des Rechnungswesens zur Anwendung gebracht werden. Wird die kurzfristige Erfolgsrechnung „als reine Innenrechnung im Anschluß an die Stückrechnung aufgemacht — so wie wir es in dieser Arbeit getan haben —, dann ergibt sich für die Berechnung des Monatserfolgs die Formel:

Monatserfolg = Monatsertrag (Gesamterlös ausschließlich neutralem Erlös plus Restleistung minus Anfangsleistung)
minus Monatsaufwand (ausschließlich neutralem Aufwand einschließlich Zusatzaufwand).

Die zweite Formel gilt für die Monatsrechnung, die „zum Abschnitt der Jahreserfolgsrechnung ausgebaut“ ist.

Monatserfolg = Monatsertrag (Gesamterlös einschließlich neutralem Erlös plus Restleistung minus Anfangsleistung)
minus Monatsaufwand (einschließlich Zusatzaufwand plus/minus Rechnungsdifferenz gegenüber neutralem Aufwand).

Die monatliche Erfolgsrechnung legt das Hauptgewicht darauf, die Zusammensetzung des Erfolges aus den einzelnen Aufwendungen und Erträgnissen kennenzulernen, während die Jahreserfolgsrechnung mehr das Gesamtergebnis betrachtet. Schließlich dient die Jahresschlußbilanz mit ihrer Erfolgsrechnung ganz anderen Zwecken als die kurzfristige Erfolgsrechnung. Letztere bildet ein wichtiges Mittel, den Betrieb in kurzen Zeiträumen zu kontrollieren, während die Jahreserfolgsrechnung Rechenschaft über das ganze abgelaufene Jahr zu geben hat. So müssen also beide Rechnungen, die kurzfristige Erfolgsrechnung und die Jahresschlußbilanz mit Erfolgsrechnung nebeneinander bestehen.

8. Grenzen der kurzfristigen Erfolgsrechnung.

Wie bei allen organisatorischen Maßnahmen, so liegt auch bei der kurzfristigen Erfolgsrechnung die Grenze an den Kosten, die die monatliche Aufstellung solcher Rechnungen erfordert. Daß sie Mehrkosten verursacht, ist selbstverständlich; denn es müssen alle die oben genannten Arbeiten ausgeführt werden. Die kurzfristige Erfolgsrechnung soll herauswachsen aus der Buchhaltung, daher kann nur eine gut organisierte Buchhaltung solchen Anforderungen entsprechen. Sie muß so eingerichtet sein, daß man ohne große Mühe die für die Aufstellung der monatlichen Erfolgsrechnung nötigen Angaben daraus entnehmen kann, sie muß in ihrer ganzen Anordnung und Gliederung auf dieses Ziel eingestellt sein. Karteien über die Gebrauchsgegenstände, Lagerbücher, Skontren sind solche Hilfsmittel. Die einmaligen Kosten, die eine Organisation der Buchhaltung im Hinblick auf die kurzfristige Erfolgsrechnung mit sich bringt, darf kein Betriebsleiter scheuen. Ist dann die Buchhaltung so geordnet, daß sie schnell und richtig das für die Monatsbilanzen benötigte Material ohne Zwischenabschluß der Konten zur Verfügung stellen kann, dann verringern sich die laufenden Kosten bei Aufstellung von zwischenzeitlichen Erfolgsrechnungen. Kein Unternehmer sollte sich durch diese einmaligen Kosten zurückschrecken lassen; denn zumeist wiegen die Vorteile, die die kurzfristigen Rechnungen mit sich bringen, diese Kosten auf. Anderseits hat sich der Unternehmer vor einer Überorganisation seines Betriebes zu hüten. Die Überorganisation ist ein fast größeres Übel als eine mangelhafte Organisation. Auf solche Weise wird viel Arbeit und Zeit vergeudet, ohne daß dafür ein genaues Ergebnis zu bekommen wäre. Ein allgemein gültiges Rezept für alle Unternehmungsarten läßt sich keinesfalls aufstellen. Es sollen die im Hinblick auf die kurzfristige Erfolgsrechnung nötigen Maßnahmen möglichst dem bestehenden Rechnungswesen angepaßt werden.

Es wird schwer sein, die Kosten, die die Aufstellung einer kurzfristigen Erfolgsrechnung erfordert, genau zu erfassen. Lediglich aus Vergleichen mit früheren Jahren, in denen noch keine solchen Rechnungen aufgemacht wurden, kann der Unternehmer ungefähr die Kosten ermessen. Bei zu hohen Kosten ist mancher Unternehmer geneigt, auf die Aufstellung von kurzfristigen Erfolgsrechnungen ganz zu verzichten. Aber auch mit weniger Kosten lassen sich kurzfristige Erfolgsrechnungen durchführen, nur wird eben die Genauigkeit darunter leiden. „Eine kostspielige Genauigkeit muß einer billigen Ungenauigkeit weichen", sagt Schmalenbach[1]). Damit ist noch keineswegs gesagt, daß alle Aufwendungen und Erträgnisse an Hand von rohen Schätzungen zu ermitteln sind. Eine solche Erfolgsrechnung wäre wertlos und könnte nicht das gewünschte Ziel erreichen. Aber wir haben ja zur Errechnung der Aufwendungen und Erträgnisse die verschiedensten Methoden aufgezählt. Die Befundrechnung ergäbe das genaueste Ergebnis. Sind aber die Kosten dafür allmonatlich zu hoch, so wenden wir eine der Ersatzmethoden an, und zwar für jeden Gegenstand die Methode, die ein möglichst gutes Resultat verspricht. Lediglich um der Kosten willen gehen wir von einer Inventuraufnahme ab und greifen zu einer andern Aufwandsermittlungsart, bleiben uns aber dessen bewußt, daß dadurch die Genauigkeit Einbuße erleidet.

Die Genauigkeit der Ergebnisse aus der Buchhaltung hängt zum großen Teil von der Betriebsart und Betriebsgröße ab. Wie oben schon erwähnt, besteht erst bei einer bestimmten Betriebsgröße ein Bedürfnis nach einer kurzfristigen Erfolgsrechnung, das allerdings auch von der

---

[1]) Schmalenbach, Grundlagen der Selbstkostenrechnung S. 7.

Unternehmungsart beeinflußt wird. Diese beiden Punkte bilden zugleich eine Grenze für die monatlichen Rechnungen. Wir haben unsere Ausführungen auf Industrie- und Handelsunternehmungen beschränkt, weil sie vor allem ein Bedürfnis nach kurzfristigen Erfolgsrechnungen haben. Großen Schwierigkeiten begegnet die Durchführung solcher Rechnungen im Warenhaus und Kolonialwarengeschäft mit ihren mannigfaltigen Artikeln. Die monatliche Erfolgsrechnung soll Aufwendungen und Erträgnisse möglichst detailliert erfassen. Also müßte bei einem Kolonialwarengeschäft z. B. für jeden Gegenstand ein eigenes Konto geführt werden. Ein solches Hauptbuch mit tausend und mehr Warenkonten gäbe kein übersichtliches Bild mehr, und der Abschluß dieser Konten brächte eine riesige Arbeitsleistung und viel mechanische Schreibarbeit mit sich, selbst dann, wenn er nur einmal im Jahr für die Aufstellung der Jahresschlußbilanz erfolgte. Hier liegt sicherlich eine Grenze, an der die Genauigkeit mit Rücksicht auf die Kosten zurücktreten muß. In einem solchen Falle hilft man sich mit einem Generalwarenkonto, oder man faßt mehrere Waren zu einer Gruppe zusammen. Es läßt sich daraus zwar nicht mehr der Bestand an jedem einzelnen Gegenstand ersehen, sondern nur die Gesamtsumme in Wert ausgedrückt, aber für die kurzfristige Erfolgsrechnung muß dieses Ergebnis genügen. Eine Mengenermittlung ist bei einer so großen Zahl von Waren allmonatlich undurchführbar. Am einfachsten läßt sich durch Skontration der jeweilige Bestand und dadurch auch der Aufwand erfassen. Das Ergebnis wird natürlich ungenauer mit der Länge der Zeit, die seit der letzten Inventur abgelaufen ist. Die kleineren Mengenverluste, die durch Schwund, Verderb, Veruntreuungen usw. eintreten, lassen sich natürlich bei der großen Anzahl der verschiedensten Waren, die auf dem Generalwarenkonto zusammengewürfelt sind, auch nicht annähernd ermitteln. Auch die Preisschwankungen und Wertveränderungseinflüsse können hier nicht ausgeschaltet werden, weil sich kein einheitlicher Verrechnungspreis finden läßt. Das Ergebnis wird hier schon ziemlich ungenau, aber ein exaktes Resultat würde zu hohe Kosten erfordern.

Nicht zuletzt bildet der Grundsatz der Vorsicht eine Grenze für die Genauigkeit der monatlichen Erfolgsrechnung. Wählt der Unternehmer einen niederen Wert, was oft gegen die Genauigkeit verstößt, so spricht hieraus die Vorsicht. Das Realisationsprinzip würde die beste Bewertungsgrundlage bilden. Aber auch das wird in der Praxis durchbrochen, wenn der Marktpreis gefallen ist. Jede Wertminderung wird sofort erfaßt, Wertsteigerungen bleiben unberücksichtigt. Die stillen Reserven sind nur aus dem Prinzip der Vorsicht heraus zu erklären, wie überhaupt alle Reserven. Die Vorsicht spielt eine wichtige Rolle bei den Kapitalsgesellschaften, wo ein Teil der ausgewiesenen Gewinne an die Aktionäre verteilt werden muß. Hängt doch die Höhe des Gewinnes nicht allein von den Umsätzen in der abgelaufenen Periode, sondern auch von der Bewertung ab. Manche Aktiengesellschaften verteilen Jahr für Jahr die gleiche Dividende, oder es weichen doch die Prozentsätze ganz wenig voneinander ab. Unmöglich kann auch der Erfolg Jahr für Jahr derselbe sein. Ein Teil des Gewinnes wird auf neue Rechnung vorgetragen, oft aber wird eine Dividendenreserve gebildet, um eine möglichst konstante Dividende verteilen zu können. Im letzten Grunde ist es aber stets das Prinzip der Vorsicht, das zu solchen Manipulationen den Anlaß gibt.

Auch der Wert der kurzfristigen Erfolgsrechnung hat eine Grenze. Wird die monatliche Erfolgsrechnung für den Vormonat erst gegen Ende des laufenden Monats fertig, so ist ihr Wert für den Unternehmer gering, weil sie nur ein Bild aus der Vergangenheit bietet. Aufgabe der Organisation ist es, die Buchhaltung so einzurichten, daß in ganz kurzer Zeit nach dem Monatsende die Erfolgsrechnung aufgemacht werden kann. Damit werden auch die Vorarbeiten für die Jahresschlußbilanz geleistet; denn auf diese Weise kann auch die Jahresrechnung eher in ihrer endgültigen Gestalt festgelegt werden als in Unternehmungen, die keine kurzfristigen Erfolgsrechnungen haben.

Neuere Bestrebungen zielen darauf ab, die Vorräte auf ein Mindestmaß zu reduzieren; dadurch würde für die kurzfristige Erfolgsrechnung eine wesentliche Vereinfachung geschaffen. Denn gerade die Bestandsermittlung, aus der wir die Aufwandsberechnung ableiten, ist in vielen Fällen ein Hindernis, das sich der kurzfristigen Erfolgsrechnung in den Weg stellt. Die äußerste Grenze in dieser Beziehung dürfte wohl der amerikanische Autokönig Ford erreicht haben, der sagt[1]: „Unsere Erfahrungen beim Materialeinkauf ergeben, daß es sich nicht lohnt, über den augenblicklichen Bedarf hinaus einzudecken. Wir kaufen daher nur so viel, als wir für unsern Produktionsplan unter Berücksichtigung der momentanen Transportverhältnisse brauchen. Wäre das Transportwesen vollständig durchorganisiert, so daß eine gleichmäßige Materialzufuhr gesichert erschiene, dann wäre es überhaupt unnötigt, sich mit einem Lager zu belasten.“ Vorläufig sind allerdings die Verhältnisse noch nicht so gelagert. Wenn es aber auch noch in weiter Ferne liegt, daß ein Betrieb ganz ohne größere Vorräte auskommt, so ist es doch immerhin beachtenswert, daß heute sehr viele Unternehmungen bestrebt sind, möglichst geringe Lagerbestände zu haben. Bei kleinen Vorräten wird die Aufwandsrechnung immer weniger von der Ausgabenrechnung abweichen, weil viele Ausgaben in der gleichen Periode auch Aufwand werden. Zudem lassen sich auch die Aufwendungen in ihrem genauen Wert unter solchen Umständen leichter erfassen.

---

[1]) Ford, Mein Leben und Werk S. 167.

9. Zusammenfassung.

Einen großen Teil der Posten, die im Rechnungswesen einer Unternehmung ihren Niederschlag finden, machen die erfolgsbeeinflussenden Posten aus. Mit der Gründung der Unternehmung entstehen sie und mit der Auflösung derselben hören sie auf, dazwischen aber bewegen sie sich in großen Wellenlinien. Bei der abschnittsweisen Erfolgsrechnung müssen durch diese Wellenlinien willkürliche Querschnitte gezogen werden. Je länger die Periode ist, desto weniger Wellen werden geschnitten. Bei der kurzfristigen Erfolgsrechnung, die gewöhnlich einen Monat als Periode hat, werden viele solcher Wellen durchschnitten, und daraus ergeben sich die Vor- und Nachverrechnungen, die sich als transitorische und antizipative Posten auswirken. Somit erscheint uns das Hauptproblem der kurzfristigen Erfolgsrechnung die Aufteilung der den Erfolg beeinflussenden Posten auf die Zeitabschnitte ihrer Wirksamkeit. Als zweites Problem, dessen Lösung großen Schwierigkeiten begegnet, ist die Trennung vom Umsatz- und Wertveränderungserfolg anzusehen. Diese beiden Aufgaben lassen sich nur unter Aufwand von viel Zeit und Arbeit lösen und erfordern hohe Kosten.

Um auf einem einfacheren und billigeren Wege zur Lösung dieser Probleme zu gelangen, wird lediglich eine Aufwands- und Ertragsrechnung aufgemacht, die nur die den Erfolg beeinflussenden Posten herausnimmt und auf die Verbindung mit der Bilanz verzichtet. Es ist wohl möglich, ohne Zwischenbilanz eine Aufwands- und Ertragsrechnung aufzustellen, jedoch ist der Wert einer solchen kurzfristigen Erfolgsrechnung abhängig von der Zuverlässigkeit der Erfassung der einzelnen Aufwendungen und Erträgnisse für einen bestimmten Zeitraum. Die Schwierigkeiten, die sich bei dieser Verrechnung ergeben, haben wir oben angeführt. In Anbetracht der Mehrkosten, die jede kurzfristige Erfolgsrechnung in dieser Form mit sich bringt, begnügen sich manche Unternehmer mit Aufwandsstatistiken. Aber auch diese Zahlen müssen der Buchhaltung entnommen werden, und hierbei ergeben sich große Schwierigkeiten bei der abschnittsweisen Verrechnung der Aufwendungen. So ist die Genauigkeit der kurzfristigen Erfolgsrechnung überhaupt in Zweifel zu ziehen. Eine kurzfristige Erfolgsrechnung, die ein genaues Ergebnis liefern soll, bedingt so hohe Kosten und so viel Zeit zur Fertigstellung, daß gewöhnlich ein einfacherer Weg beschritten wird, womit freilich die Genauigkeit abnimmt.

Jedenfalls kann die kurzfristige Erfolgsrechnung keineswegs auf alle Fragen, die während des Jahres in einer Unternehmung auftauchen, hinreichend befriedigende Antwort geben, wie es manche Theoretiker in ihrer Überschätzung der kurzfristigen Erfolgsrechnung hinstellen. Dazu ist eine Bilanz nötig, die auch über die Vermögenslage der Unternehmung Auskunft gibt.

Literaturverzeichnis.

A. W. V. Zur Klärung der Terminologie auf dem Gebiete des Rechnungswesens. (Manuskript 1928.)

A. W. V. Einheitsbuchführungen. (Mittlere Eisengießereien.) (Manuskript 1928.)

Beste, Th., Die Verrechnungspreise in der Selbstkostenrechnung industrieller Betriebe. Berlin 1924.

Beuck, W., Bewertungsgrundsätze und Bewertungsbeispiele. Berlin 1926.

Bott, K., Die Bilanz des Kaufmanns. 4. Auflage. Hamburg 1925.

Buchwald, B., Die Technik des Bankbetriebs. 8. Aufl. Berlin 1924.

Calmes, A., Die Statistik im Fabrik- und Warenhandelsbetrieb. 6. Aufl. Leipzig 1921.

Chenaux-Repond, J., Kaufmännische Bilanz, Bücherabschluß, Steuerbilanz. 5. Aufl. Stuttgart 1923.

le Coutre, W., Grundzüge der Bilanzkunde. 1. und 2. Bd. Leipzig 1922.

Fischer, G., Inventurbewertung ohne Inventuraufnahme. „Der Organisator", Nr. 57. Zürich, Dezember 1923.

—, Kurzfristige Abrechnung. (Manuskript!)

Foell, O., Monatliche Gewinn- und Verlustermittlung in Fabrikbetrieben. Berlin 1909.

Ford, H., Mein Leben und Werk. Leipzig 1923.

Ganghofer, A., Das Lochkartensystem und seine Verwendung im Dienste der Eisenbahnunternehmungen. Dissertation, München 1927.

Geldmacher, E., Betriebswirtschaftslehre. Wirtschaftskunde, 2. Bd. 4. Heft. 2. Aufl. Leipzig und Berlin 1927.

—, Wirtschaftskunde und Bilanz. Berlin 1923.

—, Grundbegriffe und systematischer Grundriß des betrieblichen Rechnungswesens. Z. f. h. F., 23. Jahrg. 1929. Heft 1.

Geffers, H., Die Technik der Zwischenbilanzen. Stuttgart 1928.

Gerson, O., Organisation, Statistik und systematische Kontrolle in kaufmännischen Betrieben. 2. Aufl. Augsburg 1926.

Gerstner, P., Kaufmännische Buchhaltung und Bilanz. 2 Bände. 4. Aufl. Leipzig und Berlin 1922.

—, Bilanz-Analyse. 8. Aufl. Leipzig und Berlin 1925.

Grull, W., Die Inventur. Berlin 1919.

Hax, K., Der Gewinnbegriff in der Betriebswirtschaftslehre. Leipzig 1926.

Hertlein, A., Die Statistik im Dienste der Bankorganisation. Leipzig 1920.

—, Die Kapital- und Erfolgsrechnung als Grundlage der Wirtschaftlichkeitsmessung. Stuttgart 1929.

Isaac, A., Betriebswirtschaftliche Statistik. 2. Aufl. Berlin 1925.

—, Rentabilitäts- und Erfolgsrevision. Grundriß der Betriebswirtschaftslehre. 10. Bd. Leipzig 1926.

—, Bilanzen. „Die Handelshochschule." Berlin und Wien 1927/28.

Johns, R., Kurzfristige Erfolgsrechnung in Banken. Z. f. h. F. 21. Jahrgang. 1927. Heft 6/7.

Kalveram, W., Kurzfristige Erfolgsrechnung. „Die Handelshochschule." Berlin und Wien 1927/28.

Leitner, Fr., Grundriß der Buchhaltung und Bilanzkunde. 1. und 2. Band. Berlin 1913/14.
—, Wirtschaftslehre der Unternehmung. 5. Aufl. Berlin und Leipzig 1928.
Loenertz, P., Die Formen der Gewinn- und Verlustrechnung. Leipzig 1926.
Löwenstein, R., Kalkulationsgewinn und bilanzmäßige Erfolgsrechnung in ihren gegenseitigen Beziehungen. Leipzig 1922.
Mahlberg, W., Der Tageswert in der Bilanz. Leipzig 1925.
Malteur, R., Die Zwischenbilanz als Mittel der Kontrolle und Betriebsleitung. Berlin 1925.
Meyerheim, H., Synthetische Erfolgsrechnung. Z. f. h. F. 5. Jahrg. 1928. Heft 3/4.
Müller, G., Die kaufmännische Erfolgsrechnung. Berlin 1915.
Müller-Bernhardt, H., Die getrennte doppelte Erfolgsrechnung. Berlin 1928.
Nertinger, J., Zwischenbilanzen. Stuttgart 1921.
—, Die Ermittlung des Geschäftsgewinns. Stuttgart 1925.
Nicklisch, H., Wirtschaftliche Betriebslehre. 6. Aufl. Stuttgart 1922.
Obst, Gg., Das Buch des Kaufmanns. 6. Aufl. Stuttgart 1922.
Osbahr, W., Die Bilanz vom Standpunkt der Unternehmung. 2. Aufl. Berlin 1919.
Passow, R., Die Bilanzen der privaten und öffentlichen Unternehmungen. 2. Aufl. Leipzig und Berlin 1919.
Penndorf, B., Fabrikbuchhaltung und ihr Zusammenhang mit Kalkulation und Statistik. Berlin 1924.
Reichsfinanzministerium. Zusammenhänge zwischen Steuern und Betriebswirtschaft. (Vorträge.) Berlin 1928.
Rieger, W., Einführung in die Privatwirtschaftslehre. Nürnberg 1928.
Richter, H., Das Problem der Erfolgsspaltung. Z. f. h. F. 22. Jahrgang. 5. Heft 1928.
—, Die monatliche Erfolgsrechnung im Bankbetrieb. Zahlungsverkehr und Bankbetrieb. 10. Jahrg. Nr. 7. Juli 1928.
Schäffer, L., Die Zweimonatsbilanzen der Großbanken. Z. f. h. F. 13. Jahrg. 1919.
Schaer, J. F., Buchhaltung und Bilanz. 5. Aufl. Berlin 1922.
Schmalenbach, E., Monatliche Gewinnberechnung. Z. f. h. F. 7. Jahrg. 1912/13.
—, Zur Weiterbildung der monatlichen Erfolgsrechnung. Z. f. h. F. 20. Jahrg. 4. Heft 1926.
—, Dynamische Bilanz. 4. Aufl. Leipzig 1926.
—, Der Kontenrahmen. Leipzig 1927.
Schmaltz, K., Bilanz- und Betriebsanalyse in Amerika. Stuttgart 1927.
Schmidt, F., Die organische Bilanz im Rahmen der Wirtschaft. Leipzig 1921.
—, Der Wiederbeschaffungspreis des Umsatztages in Kalkulation und Volkswirtschaft. Berlin 1923.
—, Die verkrüppelte Erfolgsrechnung. Z. f. h. F. 5. Jahrg. Heft 2. 1926.
Sewering, K., Die Einheitsbilanz. Leipzig 1925.
Sommerfeld, H., Die Wertansätze in der Inventur. Berlin 1921.
Steinfeld, L., Kurzfristige Erfolgsrechnung. Sterns Buchhaltungslexikon. Supplement. Lieferung 40/41. Berlin und Wien 1927.
Verband deutscher Diplomkaufleute e. V. Berlin. Beiträge zur Theorie und Praxis der monatlichen Erfolgsrechnungen in Wirtschaftsbetrieben. Leipzig 1928.
Walb, E., Das Bilanzproblem. Edeka - Deutsche Handelsrundschau. 18. Jahrg. Nr. 24. 1925.
—, Die Erfolgsrechnung privater und öffentlicher Betriebe. Berlin und Wien 1926.
—, Kaufmännische Betriebswirtschaftslehre. Rothschild's Taschenbuch für Kaufleute. 2. Band. 60. Aufl. Leipzig 1927.
Werner, F., Allgemeine Betriebswirtschaftslehre. Hamburg 1926.

Sammelwerke.

Bott, K., Handwörterbuch des Kaufmanns. Hamburg 1925.
Nicklisch, H., Handwörterbuch der Betriebswirtschaft. Stuttgart 1926.
Schmidt, F., Die Handelshochschule. Lehrbuch der Wirtschaftswissenschaften. Berlin und Wien (ohne Jahr!).
Staubs Kommentar zum Handelsgesetzbuch. 11. Aufl. Berlin 1921.
Stern, R., Buchhaltungslexikon. Wien und Leipzig 1904.
Eckert, Ch., Rothschild's Taschenbuch für Kaufleute. Leipzig 1927.

Zeitschriften.

Zeitschrift für Betriebswirtschaft. Berlin (gekürzt: Z. f. B.).
Zeitschrift für handelswissenschaftliche Forschung. Leipzig (Z. f. h. F.).
Zeitschrift für Handelswissenschaft und Handelspraxis. Leipzig und Stuttgart (Z. f. H. H.).
Betriebswirtschaftliche Rundschau. Leipzig (B. R.).
Das Geschäft. Berlin.
Organisation. Berlin.
Deutscher Reichsanzeiger.